INTOLERANCIAS ALIMENTARIAS

DRA. ANA BELLÓN

INTOLERANCIAS ALIMENTARIAS

CÓMO DETECTARLAS Y CONTROLARLAS

RBA

Primera edición: septiembre de 2019.

REF.: RPRA353
ISBN: 978-84-9187-424-9
DEPÓSITO LEGAL: B.13.222-2019

Coordinadora de la colección: Laura González Bosquet.
Redacción: Mercedes Castro.

DÁCTILOS • PREIMPRESIÓN

Impreso en España • *Printed in Spain*

CON TODO MI AMOR PARA MIS PADRES,
QUE DESDE EL CIELO CUIDARÁN SIEMPRE
DE MÍ Y DE MIS HERMANAS.
Y A MIS TRES JOTAS: JUAN, JORGE Y JESÚS.
MUCHAS GRACIAS POR HACERME TAN FELIZ.

CONTENIDO

PRÓLOGO 15

PRIMERA PARTE

¿QUÉ SON LAS INTOLERANCIAS ALIMENTARIAS? 17

Consideraciones generales 19

1

LAS REACCIONES ADVERSAS A LOS ALIMENTOS 21

¿Por qué nos sienta mal la comida? 21

¿Qué es una reacción adversa a los alimentos? 22

¿Cuántos tipos de reacciones adversas a los alimentos existen? 22

¿En qué se diferencian una alergia,
una intolerancia y una intoxicación? 25

Las alergias alimentarias: ¿de qué manera interviene el sistema
inmunológico en los casos de alergias a los alimentos? 26

¿Hasta qué punto pueden llegar a ser graves
las alergias alimentarias? 28

Las intolerancias alimentarias: ¿qué las produce? 29

Tipos de intolerancias alimentarias 30

¿Se está produciendo en la actualidad un aumento
de las alergias y las intolerancias alimentarias? 31

¿Por qué aumenta el número de personas alérgicas
o intolerantes? 32

¿De qué manera interviene la permeabilidad intestinal en el aumento de las intolerancias alimentarias? 41

2

TIPOS DE INTOLERANCIAS ALIMENTARIAS 45

¿Cuáles son los tipos fundamentales de intolerancias alimentarias? 45

3

SÍNTOMAS Y DIAGNÓSTICO DE LAS INTOLERANCIAS ALIMENTARIAS 49

¿Cómo funciona el proceso por el que se desencadena una intolerancia alimentaria en nuestro cuerpo? 49

¿Existen alimentos que provocan más intolerancias alimentarias que otros? 51

¿Cómo puede diagnosticarse una intolerancia alimentaria? 52

¿Cuál es, por tanto, el problema principal que surge con los métodos no validados de diagnóstico? 55

¿Cómo puede diagnosticarse correctamente una intolerancia alimentaria? 57

SEGUNDA PARTE

LAS INTOLERANCIAS ALIMENTARIAS MÁS COMUNES 61

Consideraciones generales 63

4

INTOLERANCIA A LA FRUCTOSA 65

¿Qué es la fructosa? 65

¿Qué relación hay entre la malabsorción de fructosa y la intolerancia a la fructosa? 66

¿Cuál es la incidencia de la intolerancia a la fructosa y al sorbitol? 70

¿Cuántos tipos existen de intolerancia a la fructosa-sorbitol? 71

¿Cuáles son los síntomas de la intolerancia
a la fructosa-sorbitol? 73

¿Cuándo aparecen los síntomas de la intolerancia
a la fructosa-sorbitol? 75

¿Cómo se diagnostica la intolerancia a la fructosa-sorbitol? 76

¿Cuál es el tratamiento para la intolerancia
a la fructosa-sorbitol? 77

¿Qué consejos pueden resultar prácticos para sobrellevar
sin molestias la intolerancia a la fructosa? 82

5

INTOLERANCIA A LA LACTOSA 87

¿Qué es la lactosa? 87

¿En qué consiste la intolerancia a la lactosa? 88

¿Qué diferencias hay entre la intolerancia a la lactosa
y la alergia a la leche? 89

¿Es muy frecuente la intolerancia a la lactosa? 89

¿Cuántos tipos de intolerancia a la lactosa existen? 90

¿Cuáles son los síntomas de la intolerancia a la lactosa? 91

¿Son los síntomas de la intolerancia a la lactosa iguales
en todas las personas? 93

¿Cómo se diagnostica la intolerancia a la lactosa? 94

¿Cuál es el tratamiento en casos de intolerancia a la lactosa? 96

Otros tratamientos para la intolerancia a la lactosa 98

¿Cómo se puede eliminar la lactosa de un alimento? 101

6

INTOLERANCIA AL GLUTEN 107

¿Qué es el gluten? 107

¿Es lo mismo intolerancia al gluten que celiaquía? 108

¿Qué es la celiaquía? 108

¿Hasta qué punto la celiaquía es una enfermedad común? 109

¿Hay diferencias entre la celiaquía que sufren los niños
y la que sufren los adultos? 109

¿Cuáles son los síntomas de la celiaquía? 110

¿Cómo se diagnostica la celiaquía? 111

¿Cuáles son las pruebas diagnósticas que determinan
la celiaquía? 113

Estudio genético 115

Análisis de sangre 117

Biopsia intestinal 119

Pruebas diagnósticas adicionales 120

¿Cuál es el tratamiento para la celiaquía? 120

¿Qué es la intolerancia al gluten no celíaca? 127

7

INTOLERANCIA A LA HISTAMINA 131

¿Qué es la histamina? 131

¿Cómo actúa la histamina? 131

¿Cuántos tipos de receptores de histamina existen? 132

¿Se puede ser intolerante a la histamina? 134

¿Cuántos tipos de histaminosis existen? 134

¿Cuántos tipos hay de intolerancias a la histamina? 135

¿Cuándo podríamos decir que se ha producido
una intolerancia a la histamina? 137

¿Cuándo se manifiestan los síntomas
de una intolerancia a la histamina? 137

¿Cuáles son los síntomas de una intolerancia a la histamina? 138

¿Cómo se diagnostica el déficit de la enzima DAO? 139

¿Cuáles pueden ser las causas de un déficit de DAO? 140

¿Cuál es el tratamiento para el déficit de DAO? 143

¿Qué alimentos contienen histamina? 144

Histaminosis endógenas 150

¿Cómo se diagnostica un síndrome de HANA? 150

¿Cuál es el tratamiento del síndrome de HANA? 152

Otros mecanismos liberadores de histamina 152

TERCERA PARTE

OTRAS INTOLERANCIAS ALIMENTARIAS 155

Consideraciones generales **157**

8

INTOLERANCIAS A OTROS AZÚCARES 159

Intolerancia a la sacarosa 159

Intolerancia a la galactosa 162

Intolerancia a la trehalosa 163

9

OTROS TIPOS DE INTOLERANCIAS 165

Intolerancia alimentaria de causa indeterminada 165

10

INTOLERANCIA ALIMENTARIA PSICOLÓGICA 171

¿Cuándo se da una intolerancia alimentaria psicológica? 171

PRÓLOGO

Según pasan los años aumenta el número de personas a las que comer no les resulta un placer, bien porque tienen intolerancia a ciertos alimentos o porque son alérgicas a ellos. La causa de esta enfermedad no se conoce, aunque hay muchas teorías sobre el incremento tanto de las alergias como de las intolerancias, muchas de las cuales intentaré explicar con claridad en este libro. Seamos sinceros: cuando uno tiene una intolerancia, la alimentación se vuelve un rollo. La intolerancia hace que no puedas comer con libertad, siguiendo tu instinto o tu gusto. Si no es tratada o detectada, no solo te causa malestar, sino que casi te obliga a realizar un máster en nutrición y, también, a tener que estar pendiente de leer todas las etiquetas nutricionales de cabo a rabo y con atención, si no quieres encontrarte con tu «enemigo» y presentar un abigarrado conjunto de síntomas que pueden fastidiarte cualquier fiesta debido a las molestias —gastrointestinales o de otra clase— que la intolerancia te causa. Y eso por no hablar de las consecuencias mucho más graves que pueden aparecer si confundes intolerancia con alergia y, debido a ello, no la tratas adecuadamente o no prestas la atención que deberías a lo que comes.

Como bien decía uno de mis profesores de la facultad, el que mejor conoce la enfermedad es el propio paciente, y precisamente por esto, cuando se tiene el diagnóstico de una intolerancia, quien mejor sabe qué le sienta bien o mal es la persona que la padece.

Pero estamos avanzando acontecimientos, en realidad, porque el principal problema en ocasiones no es tener una intolerancia alimentaria sino ser capaz de detectarla y de entender que las molestias que se padecen son fruto de ella. Esto se debe, muchas veces, a que los síntomas de una intolerancia alimentaria pueden ser tan variados y afectar a tantos órganos y sistemas distintos que, en un primer momento, cuando los sufrimos, no nos hacen pensar que su origen puede estar en el aparato digestivo.

Precisamente por esto, uno de los principales objetivos de este libro, quizá mi mayor pretensión, es el de animar a los miles y miles de pacientes que cada día sufren muchos síntomas sin saber su causa a ponerse en manos de un médico y a que se hagan las pruebas precisas para obtener un diagnóstico fiable, gracias al cual podrán tener una mayor calidad de vida. Y es que no hay nada mejor para solucionar un problema que identificarlo, y lo mismo ocurre con las intolerancias alimentarias: si sabemos qué alimentos nos sientan mal y evitamos todo aquello que nuestro organismo no puede digerir o absorber correctamente, o aprendemos, en todo caso, a calcular cuánto podemos comer sin tener molestias, ganaremos calidad de vida, nos alimentaremos y viviremos mejor, pero, sobre todo, viviremos confiados y tranquilos y, por tanto, razonablemente felices.

Este es mi objetivo. Con que pueda contribuir a que tan solo una persona sepa reconocer que lo que le puede estar ocurriendo es sinónimo de intolerancia y, en consecuencia, ayudarla a aprender a distinguir entre alergia e intolerancia, me doy por satisfecha.

Porque en la vida hay muchas cosas que nos proporcionan placer y, por supuesto, la comida, nuestra alimentación, tiene que ser una de ellas.

Lean, saboreen y disfruten.

DRA. ANA BELLÓN

PRIMERA PARTE

¿QUÉ SON LAS INTOLERANCIAS ALIMENTARIAS?

CONSIDERACIONES GENERALES

Para que el texto resulte útil al lector interesado he considerado, como experta en la materia, que lo más práctico es organizar el libro en tres partes bien diferenciadas. La primera incluirá todos los conceptos necesarios para entender bien qué es una intolerancia alimentaria, qué la diferencia de una alergia a algún alimento, cuáles son sus síntomas, cuáles son los principales tipos de intolerancias alimentarias y cómo se clasifican, qué métodos se emplean hoy en día para detectarlas y diagnosticarlas y cómo pueden tratarse.

Después, vistos estos aspectos comunes a todas las intolerancias alimentarias, pasaremos a tratar, una por una, las intolerancias más comunes en la actualidad de manera detallada. De esta manera, habrá un capítulo dedicado a la intolerancia a la lactosa, otro dedicado a la intolerancia a la histamina, etc.

Espero que con esta estructura las personas que deseen conocer tanto las particularidades de alguna intolerancia en concreto, como las causas, el origen o el tratamiento de esta afección de un modo más genérico, puedan hallar sin problema la información que necesiten y obtener de esta obra la utilidad que desean. Porque precisamente de eso es de lo que se trata: de que este libro sea una herramienta de lectura sencilla, pero también informativa y completa.

1

LAS REACCIONES ADVERSAS A LOS ALIMENTOS

¿POR QUÉ NOS SIENTA MAL LA COMIDA?

Quizá como primer concepto, antes de comenzar a ver en profundidad en qué consisten, cómo y por qué se desencadenan las reacciones adversas a los alimentos o, dicho de un modo coloquial, tal y como reza el título de este epígrafe, por qué nos sienta mal la comida, sería bueno detenernos a explicar qué entendemos por *alimento* y por *comida*.

Comúnmente, los médicos especialistas en la materia entendemos por *alimento* aquella sustancia nutritiva que precisa un organismo o un ser vivo para mantener sus funciones vitales. Dicho de otro modo: es una sustancia ajena a nuestro organismo, que ingerimos y nos proporciona no solo nutrientes, sino también satisfacción y otras sensaciones gratificantes. En cambio, la *comida* sería el conjunto de estos alimentos que, cocinados o no, tomamos de manera voluntaria.

Vayamos ahora con la pregunta con la que abrimos esta introducción: ¿por qué nos sienta mal la comida?

Lo habitual es que nuestro organismo tolere los alimentos que tomamos, pero en ocasiones, tras ingerir algunos alimentos, nuestro cuerpo genera una respuesta alterada que conlleva la aparición de efectos indeseados o nocivos. Esto es lo que comúnmente se entiende por *reacción adversa a los alimentos*.

¿QUÉ ES UNA REACCIÓN ADVERSA A LOS ALIMENTOS?

Tal y como acabamos de hacer con la definición de *alimento*, vayamos ahora con la expresión que en medios sanitarios utilizamos para concretar qué es una *reacción adversa a los alimentos*: este enunciado es un término genérico que indica una relación de causa-efecto entre la ingesta o el contacto con un alimento y una respuesta anormal en el organismo.

Porque —y este es un matiz importante— es muy común que se dé por hecho, de una manera habitual y entre personas que no guardan relación con el sector médico, que las reacciones adversas tienen que ver con la ingesta de ciertos alimentos; es decir, que debemos comerlos para que nos sienten mal.

Sin embargo, no es así, ya que está demostrado que las reacciones adversas pueden producirse también por la inhalación o por el simple contacto físico con un alimento, con sus derivados o incluso con uno de los aditivos que contienen.

¿CUÁNTOS TIPOS DE REACCIONES ADVERSAS A LOS ALIMENTOS EXISTEN?

En 1995, el Subcomité de Reacciones Adversas a Alimentos de la Academia Europea de Alergología e Inmunología Clínica realizó una clasificación de las reacciones adversas a los alimentos que tomaba como base los mecanismos que las producían. Esta clasificación se revisó en 2001 y, aunque también se podrían clasificar no por lo que las genera sino por los síntomas que provocan, lo cierto es que de manera habitual se sigue como norma general esta clasificación de la Academia Europea de Alergología.

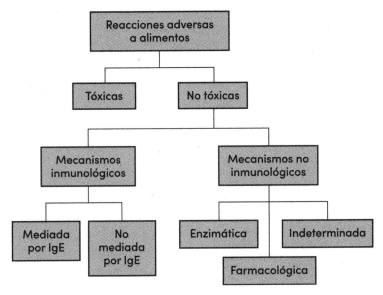

Fuente: Academia Europea de Alergología

De acuerdo con el gráfico que acabamos de ver, es fácil comprobar que, tal y como se considera habitualmente, existen dos grandes grupos de reacciones adversas:

- **Reacciones adversas tóxicas.** Son las reacciones adversas que se pueden producir en cualquier persona que ingiera un tóxico presente en un alimento. Estas sustancias tóxicas pueden ser muy diversas (toxinas bacterianas, metales pesados, sustancias químicas, contaminantes naturales, etc.). Es decir, si cualquier persona ingiere comida contaminada o en mal estado, alimentos que contengan contaminantes naturales como setas venenosas, sustancias como insecticidas o pesticidas que no hayamos eliminado correctamente con el lavado o pescados procedentes de aguas contaminadas con mercurio, cualquiera de estos alimentos le sentará mal y la intoxicará, con independencia de su estado de salud, de si es alérgica o no, de su edad o de su estado físico. Y provocará, por tanto, una reacción adversa tóxica cuya mayor o menor gravedad dependerá, en exclusiva, de la dosis de alimento tóxico ingerido, no de si la persona es más o menos susceptible al alimento.

- **Reacciones adversas no tóxicas.** Son las reacciones adversas que se producen por alimentos no tóxicos, que en la mayoría de las personas no producen ninguna reacción. No dependen, por tanto, de la dosis en que se ingiera una sustancia o en cómo esta entre en contacto con la persona, sino de la susceptibilidad a ella de cada individuo concreto. Dicho de otra manera, que se dé una reacción adversa no tóxica tiene que ver con la tolerancia o intolerancia de una persona específica a un alimento que en cualquier otra resultará completamente inocuo. Dentro de las reacciones adversas no tóxicas se distinguen dos grandes grupos:

  - ✓ **Reacciones alérgicas.** Consisten en una respuesta anómala del cuerpo, que implica al sistema inmunitario, a alimentos que en otra persona serían inofensivos.
  - ✓ **Reacciones de intolerancia.** Tienen lugar cuando el cuerpo no puede digerir correctamente un alimento o uno de sus componentes.

Tal y como acabamos de ver, tanto las reacciones alérgicas como las reacciones de intolerancia son reacciones adversas no tóxicas provocadas por alimentos, pero son distintas. Es importante señalar esto porque, a pie de calle, con frecuencia ambas se confunden, y muchas personas llaman alergias a lo que son intolerancias, y viceversa.

Por eso, aunque tienen aspectos en común, como el hecho de que un alimento siente mal y provoque síntomas a quien lo ha ingerido, inhalado o ha entrado en contacto con él, el mecanismo por el que unas y otras se desencadenan es diferente. Precisamente por ese motivo, para diferenciar con claridad las principales características de cada una, lo mejor es detenernos a explicarlas con detalle, así como a aclarar sus diferencias esenciales.

¿EN QUÉ SE DIFERENCIAN UNA ALERGIA, UNA INTOLERANCIA Y UNA INTOXICACIÓN?

En los apartados anteriores ya se ha visto que una intoxicación, como reacción adversa tóxica que es, puede afectar a cualquier tipo de persona y tiene que ver con que su cuerpo haya entrado en contacto con algún tipo de alimento tóxico, que a su vez puede serlo por muy diversos motivos.

Los síntomas que provoca una intoxicación, por su parte, dependen de la dosis, esto es, de la cantidad de alimentos o sustancias tóxicas que la persona haya tomado. Esta toxicidad puede tener que ver tanto con elementos naturales que son tóxicos de por sí (ya hemos visto como ejemplo las setas venenosas) o con una toxicidad sobrevenida por el mal estado de ciertos alimentos, porque estos se hayan contaminado con sustancias químicas, etc.

Sin embargo, la intolerancia y la alergia guardan más elementos en común a la hora de originarse o desencadenarse, y es por ello que habitualmente se prestan a confusión: tanto una como otra dependen de que la persona que toma un alimento presente una susceptibilidad a este, y en ambos casos, además, cuando alguien que ni es alérgico ni intolerante lo toma, resulta totalmente inofensivo. Asimismo, muchos de los síntomas relacionados con las alergias y las intolerancias son comunes.

¿CUÁL ES EL FACTOR DIFERENCIAL ENTRE ALERGIAS E INTOLERANCIAS?

Tiene que ver con la entrada en acción del sistema inmunitario, una vez que el cuerpo ha entrado en contacto con el alimento causante de la intolerancia o de la alergia.

En el caso de las alergias, el sistema inmunitario, o inmunológico, reacciona y ocasiona los síntomas que provocan la reacción alérgica. En el caso de las intolerancias, en cambio, el sistema inmunológico no interviene en las reacciones que se producen.

Por otra parte, la frecuencia con la que se dan unas y otras también es muy diferente: por cada caso de reacción alérgica alimentaria que se desencadena tienen lugar entre 5 y 10 casos de intolerancia. Por tanto, este último tipo de reacciones son mucho más frecuentes que las alérgicas.

LAS ALERGIAS ALIMENTARIAS: ¿DE QUÉ MANERA INTERVIENE EL SISTEMA INMUNOLÓGICO EN LOS CASOS DE ALERGIAS A LOS ALIMENTOS?

El sistema inmunitario es un mecanismo de defensa de nuestro organismo, que lo defiende de sustancias potencialmente dañinas, como las bacterias, los virus y las toxinas. Ahora bien, en determinados casos y personas el sistema inmunitario «se confunde» —por usar una expresión coloquial— y, como si se tratara de guardianes que protegen el acceso a una fortaleza, niega la entrada a la misma a elementos que no son en absoluto dañinos. Esto es lo que ocurre en el organismo de las personas alérgicas: el sistema inmunitario, los guardianes que no dejan entrar en su cuerpo virus, bacterias, etc., identifica incorrectamente alimentos o componentes de estos totalmente inocuos como dañinos y, como tales, les niega el acceso, los rechaza, reacciona frente a ellos activando todas las defensas como si se trataran de toxinas. Se desencadena entonces una reacción alérgica.

Ahora que sabemos que el sistema inmunitario es responsable de identificar de forma incorrecta ciertos componentes de los alimentos como nocivos, con lo que se origina una reacción alérgica, cabe preguntarnos: ¿de qué depende que estas reacciones alérgicas sean más o menos graves e intensas dependiendo de cada persona? Daremos respuesta a esta pregunta en el siguiente apartado.

¿QUÉ ES LO QUE HACE QUE UNA REACCIÓN ALÉRGICA SEA MÁS O MENOS GRAVE?

Depende, también, de nuestro sistema inmunológico, que, volviendo a la metáfora de los guardianes de una fortaleza, al percibir que esta (nuestro cuerpo) es atacada por invasores que cree peligrosos o tóxicos, reacciona atacando a su vez, es decir, defendiéndose de la sustancia que considera tóxica y dañina. Para ello ha de reagrupar a su ejército: el sistema inmunitario envía a las células plasmáticas la orden de que produzcan anticuerpos para combatir esa sustancia que cree tóxica, y que a partir de ahora llamaremos alérgeno.

La situación es la siguiente: una buena gente, los alérgenos, intentan entrar en la fortaleza, en el organismo. Los guardianes del sistema inmunológico están bastante confundidos, los toman por malhechores, por elementos perniciosos y nocivos, y no solo no les quieren dejar pasar, sino que llaman a las fuerzas del orden, las células plasmáticas, para atacar a los alérgenos, a los que consideran invasores. Las células plasmáticas, dispuestas a todo, producen sus propias armas para combatir a los alérgenos, y crean así anticuerpos, que se unen a su vez a dos tipos de células, los mastocitos y los basófilos. ¿Por qué lo hacen? Porque estas son las células que albergan gránulos de histamina, una sustancia que se desplaza por el cuerpo para combatir al invasor allá donde esté.

Y esta es nada menos que la histamina, la responsable de que aparezcan la gran mayoría de los síntomas de la alergia. La hinchazón, los picores y la urticaria, las dificultades respiratorias, etc., todo obedece a la acción de la histamina, llamada a filas, por decirlo así, por el sistema inmunológico.

¿HASTA QUÉ PUNTO PUEDEN LLEGAR A SER GRAVES LAS ALERGIAS ALIMENTARIAS?

Como acabamos de ver, la acción de la histamina determina la mayor o menor gravedad de los síntomas que provoca una reacción alérgica.

¿SE PUEDEN CLASIFICAR LOS DIFERENTES TIPOS DE ALERGIAS SEGÚN SU GRAVEDAD?

Lo cierto es que las alergias alimentarias pueden abarcar un amplio espectro de síntomas que determinan su gravedad y que dependen, básicamente, de cada persona. En general, existen algunas leves en las que la persona afectada, tras ingerir un alérgeno alimentario, experimenta, por ejemplo, un leve picor en la boca.

Sin embargo, si se presentan síntomas que incluso pueden llegar a ser potencialmente mortales de no ser atajados, la persona alérgica tendrá que dirigirse apresuradamente al servicio de urgencias más cercano.

El tiempo que tardan en manifestarse estos síntomas también puede variar mucho según los casos; en ocasiones, la reacción alérgica puede sobrevenir a los pocos minutos de ingerir el alimento que la desencadena, y en otras, en cambio, la reacción puede manifestarse algunas horas después.

Una pregunta que con frecuencia nos hacen los pacientes es hasta qué punto puede llegar a ser grave una alergia. La respuesta habitual, aun sin querer ser alarmistas, es que las alergias, tanto las alimentarias como las de otros tipos, sí pueden llegar a ser extremamente graves, e incluso provocar la muerte. La manifestación alérgica más grave recibe el nombre de *anafilaxia*. Consiste en una reacción alérgica sistémica y grave, que puede llegar a poner en riesgo la vida de la persona que la sufre. Uno de los mayores peligros de la anafilaxia es su rápida progresión, que puede provocar el fallecimiento con inusitada rapidez.

¿QUÉ SUSTANCIAS PUEDEN PROVOCAR UNA ANAFILAXIA?

Como sucede con todas las alergias, el sistema inmunitario reacciona a sustancias que, por lo general, resultan inofensivas en personas que no lo sean. Estas sustancias pueden ser muy diversas y variadas, si bien las estadísticas demuestran que las que causan anafilaxia con mayor frecuencia, además de ciertos alimentos, son los fármacos y el veneno de las picaduras de abejas y avispas.

LAS INTOLERANCIAS ALIMENTARIAS: ¿QUÉ LAS PRODUCE?

Como ya hemos visto en páginas anteriores, está demostrado que, mientras que en los casos de alergias alimentarias el sistema inmunológico es un elemento clave en el desarrollo de las mismas, en los de intolerancias alimentarias, sin embargo, este no interviene de ninguna manera en las reacciones que se producen. Las intolerancias alimentarias se dan, así pues, cuando el cuerpo no puede digerir correctamente un alimento o alguno de sus componentes, y aunque en muchos casos, tal y como ya se ha explicado, alergias e intolerancias presentan síntomas similares, lo cierto es que las causas físicas por las que estas se producen no tienen nada que ver más allá de la ingesta de un alimento.

Otra diferencia fundamental entre ambas, además, tiene que ver con el hecho de que las personas que son intolerantes pueden llegar a consumir pequeñas cantidades de la comida que les ocasiona dicha intolerancia sin experimentar síntomas. En cambio, las personas alérgicas no pueden ni deben consumir nunca los alimentos que les causan alergia.

TIPOS DE INTOLERANCIAS ALIMENTARIAS

Podemos dividir las intolerancias alimentarias en tres grandes grupos según las causas que las provocan, que describiremos rápidamente a continuación y que, más adelante, detallaremos de una manera más específica, abundando en detalles, pues no en vano son el objeto de este libro.

1. **Intolerancias alimentarias por causa enzimática o metabólica.** Son el tipo más frecuente de intolerancias y tienen lugar cuando el cuerpo de una persona presenta un déficit de las enzimas necesarias para metabolizar un alimento determinado.
   En esta categoría se encuentran, entre otras, las siguientes intolerancias:

   - a la **lactosa,**
   - a la **fructosa,**
   - a la **galactosa,**
   - a la **sacarosa,**
   - al **sorbitol,**
   - a la **trehalosa** (el azúcar de los champiñones).

2. **Intolerancias alimentarias por causa farmacológica o química.** Son desencadenadas por sustancias habitualmente presentes en los alimentos, como las aminas o la metilxantina que contienen el té y el café.

Ahora bien, tanto el desencadenamiento de este tipo de intolerancias como su gravedad tienen que ver con la dosis que se ha ingerido de esta sustancia, y también con otros cofactores. Así, el mero hecho de estar expuesto a los alimentos, por sí solo, no hace que la intolerancia aparezca. De esta manera, en algunos casos, si la persona intolerante toma solo esta sustancia puede que no sufra reacción, pero si la combina con otras puede que sí.

3. **Intolerancias alimentarias por causa indeterminada.** Son producidas por los diferentes aditivos que se añaden a los alimentos, no por estos en sí.

¿SE ESTÁ PRODUCIENDO EN LA ACTUALIDAD UN AUMENTO DE LAS ALERGIAS Y LAS INTOLERANCIAS ALIMENTARIAS?

De acuerdo con la percepción recogida a pie de calle, se comenta de manera cada vez más habitual que actualmente existen muchas más personas que sufren intolerancias alimentarias o alergias que hace unos años. ¿Es esto cierto?

De acuerdo con los estudios del grupo de investigación BIOPEP (Bioactividad y Alergenicidad de Proteínas y Péptidos Alimentarios) del Instituto de Investigación en Ciencias de la Salud del CSIC, especializado en esta dolencia desde 1985, lo cierto es que sí, podría decirse que hoy en día:

> [...] la incidencia de las alergias alimentarias está creciendo rápidamente, con gran prevalencia en las sociedades occidentales y una amplia variedad de síntomas implicados. En Europa entre un 1 % y un 4 % de adultos está diagnosticado así, y entre el 6 % y el 8 % de niños menores de tres años.

Otros estudios estiman, por su parte, que el 25 % de la población europea padece algún tipo de alergia, y específicamente en el campo que nos ocupa, el de las alergias alimentarias, el porcentaje nos indica que el 17 % de los ciudadanos europeos padecen una alergia de este tipo. Además, las previsiones no hacen sino aumentar estas cifras. Según se ha podido calcular, se estima que en el año 2025 casi el 50 % de la población tendrá algún tipo de alergia.

¿POR QUÉ AUMENTA EL NÚMERO DE PERSONAS ALÉRGICAS O INTOLERANTES?

Los datos a los que acabamos de referirnos señalan que, de todos los tipos de alergias existentes, la que está aumentando en mayor medida es la alergia alimentaria.

Para los expertos, el hecho de que cada vez se detecten más alergias en el llamado mundo occidental tiene que ver con diversos factores, como el estrés o un componente genético, pero, con relación a las alergias e intolerancias alimentarias, ¿hay algún motivo en concreto que explique por qué está creciendo tanto su incidencia?

Existen numerosos estudios que tratan sobre este tema, aunque lo cierto es que ninguno es todavía plenamente concluyente, en el sentido de que no apuntan inequívocamente a una única causa. Así pues, hoy en día se piensa que el aumento del número de pacientes con intolerancia alimentaria puede deberse a varios factores que analizaremos a continuación, si bien antes, y para que no cunda el pesimismo, me gustaría hacer un pequeño llamamiento a la positividad.

Es cierto que cada vez hay más alergias e intolerancias. También lo es que, como veremos en los apartados que siguen, la contaminación, la polución, el estrés en que vivimos, el consumismo, etc.

influyen no solo en nuestro modo de vida, sino en nuestra salud, y favorecen la aparición o intensificación de alergias e intolerancias.

Ahora bien, frente a estos problemas inherentes en cierta manera al avance de los tiempos, este favorece una mayor conciencia social, y también en el entorno médico, acerca de estas enfermedades y, de cara a los pacientes, una mayor divulgación de estos problemas. Se piensa en estas patologías más que antes, se tienen más presentes y existen más herramientas para diagnosticarlas y, de la misma manera, las personas afectadas disponen de mucha información, más clara, precisa y accesible.

Dicho esto, analizaremos a continuación las causas que favorecen el aumento de estas enfermedades en nuestros días.

1. **Desarrollo inadecuado de la microbiota intestinal.** La microbiota intestinal —también llamada flora intestinal— es el conjunto de microbios (principalmente bacterias) que viven en el tubo digestivo humano. Estos microorganismos mantienen una relación de simbiosis con la persona que las aloja que beneficia tanto al anfitrión, esto es, la persona en cuyo intestino se desarrolla la microbiota, como a estos organismos, y su presencia contribuye al buen desarrollo fisiológico de la primera.

    Tras diversas investigaciones se ha llegado a la conclusión de que, cuando una persona nace, su tubo digestivo es, por decirlo de algún modo, estéril, pero ya desde entonces, y a medida que comienza a desarrollarse y a crecer, va adquiriendo su propia microbiota intestinal, gracias, por ejemplo, a la relación con su madre a través de la leche materna, y también de acuerdo con su relación con el entorno.

    Se estima que la microbiota intestinal está formada por unos cien billones de bacterias que pueden ser de entre unas quinientas o mil especies distintas. Buena parte de estos tipos de bacterias permanecen siempre en el intestino, pero hay otra porción, los que llamamos microorganismos en tránsito, que son ingeridos a través de alimentos y bebidas y que «viven» en el intestino temporalmente.

Así pues, la nutrición —qué se come y qué se bebe, en qué condiciones están alimentos y bebidas, su calidad, etc.— influye de una manera directa en nuestra microbiota, desde nuestro mismo nacimiento. Y en cierta manera es nuestra responsabilidad —y de nuestros padres cuando somos pequeños— no solo alimentarnos, sino mantener, indirectamente a través de esta acción, una microbiota equilibrada y bien desarrollada, ya que su deficiente desarrollo puede ocasionarnos problemas de salud, como una mayor incidencia de alergias e intolerancias alimentarias.

El desarrollo inadecuado de la microbiota intestinal puede deberse a numerosas causas, algunas de las cuales tienen su origen en la primera infancia:

- En la actualidad ha aumentado considerablemente el número de cesáreas practicadas, lo que tiene una incidencia directa en el inadecuado desarrollo de la microbiota intestinal de los bebés nacidos mediante este método en sus primeros meses de vida.
- Otra causa de este inadecuado desarrollo de la microbiota tiene que ver con el hecho de que numerosas madres, posiblemente por la incidencia del estilo moderno de vida en sus hábitos, o porque deban reincorporarse al mercado de trabajo, o incluso también por estrés, dejen de alimentar a sus bebés con leche materna de manera prematura durante los primeros meses de vida, algo que repercute en el desarrollo de su sistema inmunológico, así como en el del intestino y su microbiota.

LA IMPORTANCIA DE LA LECHE MATERNA

Es muy importante destacar la importancia, ya apuntada antes, de la lactancia materna y su estrecha relación con el desarrollo de la microbiota. Expongámosla con más detalle. Diversos estudios confirman que los bebés que nacen a término, por vía vaginal y son alimentados con leche materna poseen una microbiota más eficaz frente a la aparición de algunas enfermedades. Está demostrado que los recién nacidos alimentados con leche humana tienden a padecer menos infecciones, alergias o problemas digestivos. También demuestran un mejor desarrollo neurológico y, en el futuro, cuando crecen, tienen menos probabilidades de sufrir enfermedades como la inflamación intestinal o la diabetes. Esto es debido a que la leche humana contiene bacterias beneficiosas y los nutrientes que las hacen crecer y desarrollarse.

En ocasiones, se hace imposible que un bebé sea alimentado con leche humana (ya sea la leche de su madre, la procedente de los llamados bancos de leche o incluso, como solía hacerse décadas atrás, la de las nodrizas). En estos casos se alimenta al niño mediante las llamadas leches de fórmula. Por más que en los componentes de estas se haya intentado reproducir los contenidos de la leche humana, lo cierto es que es una tarea imposible. De esta forma, al contrastar el estado de la microbiota intestinal de niños alimentados con leche materna en sus primeros meses con aquellos alimentados con leche de fórmula, los primeros muestran un patrón de colonización de la microbiota intestinal marcado por una mayor abundancia de bifidobacterias.

¿Cuál es el secreto de la leche materna para resultar tan necesaria y beneficiosa?
Podríamos desarrollar varios argumentos de peso que dan fe de esta importancia y, a su vez, la explican:

- La leche materna es un alimento perfectamente adaptado a la capacidad metabólica del recién nacido.
- Esta leche aporta, además, elementos esenciales para la alimentación y el desarrollo del lactante, como los oligosacáridos, que favorecen el crecimiento de microorganismos beneficiosos tan necesarios como las bifidobacterias.
- La circulación enteromamaria no sería posible sin la leche materna. Pero ¿qué es exactamente? Se trata, por decirlo de algún modo, de un circuito por el que las bacterias intestinales beneficiosas de la madre pasan a través de las glándulas mamarias al intestino del lactante y le aportan innumerables beneficios para su salud.

Fuentes potenciales de las bacterias presentes en el calostro y la leche materna

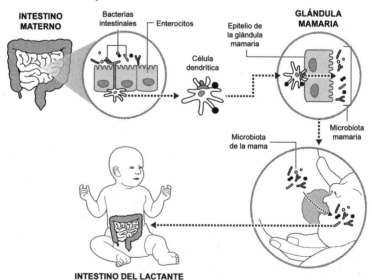

INTESTINO MATERNO · Bacterias intestinales · Enterocitos · Epitelio de la glándula mamaria · GLÁNDULA MAMARIA · Célula dendrítica · Microbiota mamaria · Microbiota de la mama · INTESTINO DEL LACTANTE

Otras causas de deficiencias en la microbiota intestinal se dan en la edad adulta. Entre los motivos que originan este ineficaz desarrollo destacamos principalmente los siguientes:

- el abuso de antibióticos,
- una dieta inadecuada,
- el propio proceso de envejecimiento.

Todas estas circunstancias pueden desencadenar un estado de disbiosis que, a su vez, puede dar lugar a una alteración de la microbiota, ya sea cualitativa —esto es, de menor calidad, debido al predominio de especies diferentes a las habituales en ella— o cuantitativa —que cuente con una menor concentración de bacterias beneficiosas—.

¿Y qué es lo que ocurre cuando la microbiota se altera? Su acción beneficiosa disminuye y da lugar a la posible aparición de enfermedades y de intolerancias alimentarias o alergias.

Este desequilibrio de la flora o microbiota intestinal se conoce, en términos médicos, como *disbiosis*.

2. **La teoría de la higiene.** Se trata de una teoría que podría explicar también la cada vez mayor incidencia de alergias e intolerancias alimentarias en la sociedad actual. Según sus premisas, la mejora de las condiciones higiénicas de la sociedad hoy en día la hace más limpia que antaño, pero también ha alterado el sistema inmunológico humano de las personas y, en algunos casos, hace que este reaccione tomando como elementos nocivos algunas sustancias que no lo son.

En nuestra sociedad, actualmente, existe una comprensible obsesión por la limpieza y la higiene y, como es natural, extremamos esta conducta con nuestros hijos, sobre todo con los recién nacidos y bebés, pues consideramos con razón que son mucho más vulnerables.

Si antiguamente era preciso hervir los biberones de cristal para esterilizarlos, por ejemplo, hoy todas estas acciones se han vuelto mucho más sencillas y, por eso, las llevamos a cabo con una mayor frecuencia: disponemos de pastillas efervescentes que esterilizan biberones, chupetes y vajillas infantiles, vacunamos desde sus primeros días de vida a nuestros hijos contra un gran abanico de enfermedades, disponemos de un amplio espectro de antibióticos, así como de productos de limpieza mucho más específicos. Pero a la larga, según numerosos especialistas, esta limpieza a veces extrema, esta «esterilidad», nos aleja hasta tal punto de cualquier organismo nocivo que lleva a que nuestro sistema inmunológico no aprenda bien, por así decirlo, a distinguir al enemigo. Y volviendo a la metáfora de los guardianes de la fortaleza que ya hemos utilizado en apartados anteriores, lo lleva a comportarse de forma aturdida y a que comience a luchar contra elementos que no son nocivos, que no son un enemigo real, pero a quienes reconoce como tales.

Cuando esto ocurre, como ya he explicado, es cuando se da una reacción alérgica: por ejemplo, el cuerpo de una persona reacciona ante las proteínas de la leche, del huevo o de cualquier otro alimento que para el común de los mortales es inofensivo, porque su sistema inmunológico le está diciendo que se trata de sustancias enemigas y potencialmente dañinas si llegaran a ser absorbidas por el organismo.

3. **Contaminación.** En muchos de los estudios a los que nos hemos referido a lo largo de este capítulo se ha hecho alusión al espectacular incremento de las into-

lerancias y las alergias en relación a la «vida moderna», los países desarrollados y el mundo occidental. Es una manera de explicar que el sistema de vida actual, sobre todo en las grandes ciudades, influye en nuestros cuerpos y en cómo estos reaccionan frente al entorno.

Es decir, vivir en núcleos urbanos resulta mucho más nocivo que hacerlo en el campo. Y esto es causado, en buena medida, por la polución y la contaminación. En las ciudades es, por lo general, donde más enfermedades alérgicas se dan, y también donde más crisis asmáticas, infecciones y enfermedades respiratorias se sufren. Esto afecta incluso a las personas alérgicas a los diversos tipos de polen, ya que los contaminantes inciden en la vida de las plantas de las ciudades, que también se estresan y producen una serie de proteínas de defensa de las que carecen esas mismas plantas en entornos naturales más limpios y que hacen que su polen sea más sensibilizante, esto es, que afecte en mayor medida a las personas alérgicas.

Y no olvidemos que, en muchos casos, es frecuente que exista una relación entre, por ejemplo, el asma, y diversos tipos de alergias, por lo que el hecho de que la contaminación afecte a personas aquejadas de alergias de tipo respiratorio también puede terminar influyendo en la aparición de intolerancias o alergias alimentarias en ellas.

4. **Uso de aditivos.** Volviendo de nuevo al hecho de que la «vida moderna» influye en nuestra salud, debo referirme a cómo esta afecta al tipo de alimentación que consumimos: hoy en día existe una tendencia a abusar de la comida rápida, de los platos preparados y de los alimentos procesados. El ritmo de vida actual no nos permite detenernos no ya a cocinar, sino incluso a recolectar; y se acelera el ritmo de las cosechas, de la producción de carne, de la maduración de frutas y

verduras y, también se ofrecen muchos más alimentos preparados y no solo procesados, sino ultraprocesados.

Todo esto interviene de manera directa en nuestro organismo, al que se le están proporcionando, a través de la comida, infinidad de nuevos aditivos y de componentes químicos que, durante milenios, no han formado parte de la dieta del ser humano. Y cientos, incluso miles de estas sustancias, pueden producir reacciones adversas en nuestro organismo, desde los sulfitos presentes en las bebidas alcohólicas al glutamato monosódico, presente, por ejemplo, en la carne procesada, las espinacas y los champiñones en conserva, los precocinados o los aperitivos como las patatas fritas.

A buena parte de estas sustancias químicas se las conoce como aditivos alimentarios, que son definidos por la regulación de la Unión Europea como aquellos ingredientes añadidos intencionadamente en los alimentos con el fin de modificar alguna de sus características, pero sin el propósito de nutrir.

Estos aditivos, que se encuentran en los productos acabados y se usan para incrementar el sabor, para que sean más atrayentes al paladar, e incluso para hacer que, de alguna manera, un determinado alimento se vuelva más adictivo y, por tanto, más consumido, deben, según establecen las leyes alimentarias que atañen a nuestro país, constar en las etiquetas de los alimentos que consumimos. Por ello, si somos alérgicos o intolerantes a cualquiera de ellos, debemos siempre —y esto es recomendable para todas las personas en general— leer con atención la información que figura en los alimentos que compramos con el fin de saber de qué están compuestos, qué aditivos incluyen, cuál es su carga nutritiva, qué azúcares nos aportan, etc.

¿DE QUÉ MANERA INTERVIENE LA PERMEABILIDAD INTESTINAL EN EL AUMENTO DE LAS INTOLERANCIAS ALIMENTARIAS?

¿QUÉ ES LA PERMEABILIDAD INTESTINAL?

Los médicos y los especialistas decimos que un paciente tiene un aumento de la permeabilidad intestinal cuando su tubo digestivo, de entrada, se relaciona mal con lo que come. Expliquémoslo con más detalle y desde un punto de vista fisiológico: nuestros intestinos poseen una barrera intestinal compuesta por una única capa de células que, por poner un símil gráfico, sería parecida en su estructura al empedrado de una carretera antigua y cuyo grosor no sería mayor que el de una finísima hoja de papel de fumar. Esta lámina recubre el interior de las paredes de nuestro intestino y está recubierta por una capa de moco con dos partes bien diferenciadas: en uno de sus estratos se halla la flora o microbiota intestinal y, en el otro, unas células llamadas inmunoglobulinas tipo IgA, cuya función es puramente defensiva.

Pues bien, decimos que aumenta la permeabilidad intestinal cuando la fina lámina que forma la barrera intestinal aumenta, con lo que el espacio que queda entre las losas que componen su empedrado se hace mucho mayor, lo que permite que los alimentos y los nutrientes que digerimos se absorban de manera anómala.

Pongamos otro ejemplo concreto que nos sirva para entender este problema: una persona con una pared intestinal con un grado normal de permeabilidad posee una mucosa intestinal que no puede ser atravesada por las proteínas de los alimentos. Sin embargo, cuando una persona posee una permeabilidad intestinal anormalmente incrementada, la mucosa del tubo intestinal permite que determinadas proteínas la atraviesen, lo que provoca de inmediato que el sistema inmunológico, siempre vigilante, las reconozca como extrañas y nocivas y entre al instante en batalla contra ellas. Dicho de otro modo, una mayor permeabilidad intestinal es una causa indirecta del incremento de las intolerancias alimentarias.

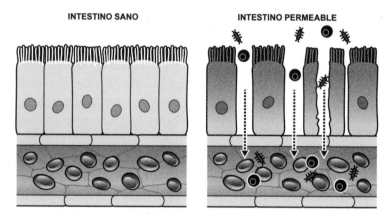

Hoy en día, en algunos centros médicos pioneros se practica un test que permite medir la permeabilidad intestinal mediante una simple analítica de sangre. Si los resultados son positivos, podremos ser conscientes de que presentamos un mayor riesgo de ser intolerantes a ciertas proteínas de los alimentos, pero todavía no se ha perfeccionado su técnica hasta el punto de que nos informe de manera concluyente de en qué medida o grado esta intolerancia se ha desarrollado, hasta dónde pueden afectarnos sus síntomas o a qué tipo de proteínas (alimentos) puede atañer.

¿QUÉ PROVOCA EL AUMENTO DE LA PERMEABILIDAD INTESTINAL?

Las causas de la celiaquía suelen clasificarse de un modo sencillo en los dos grandes grupos que veremos a continuación.

1. De **origen extradigestivo:**

   - estrés,
   - algún tipo de patología o problema dermatológico (como la dermatitis atópica),
   - enfermedades reumatológicas (como la artritis reumatoide o la espondilitis anquilosante),
   - tumores.

2. De **origen digestivo:**

   - Alguna lesión de la pared intestinal producida por enfermedades como celiaquía, enfermedad de Crohn, pancreatitis aguda, cirrosis hepática.
   - La administración, sin la protección adecuada, de algunos medicamentos que afectan a la estructura de la barrera intestinal, como antiinflamatorios, ácido acetilsalicílico, antibióticos, antivirales, o de tratamientos de quimioterapia o radioterapia.
   - El abuso o la exposición a agentes nocivos como el tabaco, el alcohol, los metales pesados o las sustancias tensoactivas alimentarias.
   - El desequilibrio de la microbiota intestinal, que puede ser al mismo tiempo causa y efecto de alteraciones y daños en la barrera intestinal, por lo que en muchos casos sus síntomas son similares a los de la permeabilidad intestinal.

¿PODEMOS PREVENIR O EVITAR EL AUMENTO DE LA PERMEABILIDAD INTESTINAL?

Los estudios realizados sobre este tema han evidenciado que la L-glutamina es un aminoácido no esencial que resulta fundamental como componente básico del tejido del tubo gastrointestinal.

Por esa razón, el déficit de L-glutamina en nuestro organismo repercute directamente en el grado de permeabilidad de la mucosa intestinal, que se volvería más permeable y permitiría, por tanto, el paso de proteínas a través de estas paredes, lo que, a su vez, provocaría diversas intolerancias alimentarias.

La buena noticia es que nuestro organismo puede sintetizar la L-glutamina por sí mismo, en determinadas circunstancias, a partir de los llamados grupos aminos de alimentos, es decir, de los alimentos que la contienen.

¿CUÁLES SON ESTOS ALIMENTOS QUE CONTIENEN L-GLUTAMINA?

Son los siguientes: pollo, pavo, magro de cerdo, espinacas, frutos secos, yogures y quesos frescos.

¿BASTA CON QUE TOMEMOS ALIMENTOS QUE CONTENGAN L-GLUTAMINA PARA REFORZAR NUESTRAS BARRERAS INTESTINALES Y PREVENIR UN AUMENTO DE SU PERMEABILIDAD?

Lo cierto es que se recomienda añadir a la L-glutamina arginina, que potencia los glóbulos blancos e influye de manera determinante a la hora de combatir la debilidad inmunitaria que tiene lugar cuando se origina un incremento de la permeabilidad intestinal.

Otro elemento que contribuye a mejorar la permeabilidad intestinal y a reforzarla es el xiloglucano, aunque para consumirlo debemos acudir a productos sanitarios destinados a reforzar nuestra mucosidad intestinal que lo contienen, junto a probióticos y proteínas vegetales.

2

TIPOS DE INTOLERANCIAS ALIMENTARIAS

¿CUÁLES SON LOS TIPOS FUNDAMENTALES DE INTOLERANCIAS ALIMENTARIAS?

Ya los hemos visto en las primeras páginas de este libro, de un modo mucho más resumido y como simple introducción, por lo que ahora pasaré a hablar de ellos con más detalle. En general, los profesionales médicos solemos clasificar las intolerancias alimentarias en los siguientes tres grandes grupos:

1. **Intolerancias alimentarias metabólicas por defecto de alguna enzima.** Son el tipo más común y, como se ha mencionado antes, se desencadenan cuando el cuerpo de una persona presenta un déficit de las enzimas necesarias para metabolizar un alimento determinado. Dentro de este tipo de intolerancias se distinguen, a su vez, seis categorías:

   - **Intolerancia a la lactosa, la fructosa y la sacarosa.** Se producen por un déficit de lactasa, aldolasa B y sacarosa, respectivamente.

- **Galactosemia.** Se produce por un déficit de las enzimas galactosidasa, uridin transferasa o epimerasa.
- **Fenilcetonuria.** Se provoca por un déficit de fenilalanina-hidroxilasa.
- **Intolerancia al alcohol.** Tiene lugar a causa de la carencia de aldehído-dehidrogenasa.
- **Intolerancia a las habas, también llamada favismo.** Se produce cuando hay una falta de glucosa-6-fostato dehidrogenasa.
- **Intolerancia a la histamina.** En este caso, la provoca el déficit de diaminooxidasa.

2. **Intolerancias alimentarias farmacológicas, por acción farmacológica de alimentos.** En el organismo de las personas que sufren estas intolerancias tiene lugar una reacción adversa que se desencadena por la ingesta de algún producto químico que está de forma natural —un ejemplo ya citado es la metilxantina que contienen el té o el café— o que se añade a algún alimento, como es el caso de los aditivos. Estas intolerancias se llaman farmacológicas, porque la reacción que se produce es similar a la que se da cuando una persona consume un fármaco que contiene algún elemento químico que le causa intolerancia.

Dentro de este grupo se incluirían las falsas alergias, que, por fortuna, son más frecuentes que, las alergias reales.

Por otra parte, conviene recordar que la gravedad de estas intolerancias está directamente relacionada con la dosis ingerida de la sustancia química que las provoca y que, además, en muchos casos, son precisos los llamados cofactores: en ocasiones, para que una persona sufra una reacción de intolerancia a un elemento químico no es suficiente con que lo ingiera, y solo junto con la acción de otros elementos se provoca la reacción de intolerancia.

Por lo general, los síntomas de estas intolerancias suelen consistir en lo que se conoce como mecanismo histamínico no específico.

Intentaré explicarlo con claridad. Lo que se quiere explicar con el párrafo anterior es que estas «falsas alergias» no se originan por la producción de anticuerpos específicos que, como parte de la reacción que desencadena la alergia, terminan por liberar en el organismo una elevada cantidad de histamina. Esto no ocurre en estos casos, ya que no se trata de alergias, sino de intolerancias, pero por su carácter y desarrollo pueden confundirse entre ellas. En el caso de las intolerancias que nos ocupan, estas se producen por la reacción inflamatoria que provoca en el cuerpo de la persona intolerante el consumo de alimentos ricos en aminas biógenas como la histamina, la tiramina, la feniletilamina y la histidina.

Conviene señalar que el consumo de aminas biógenas a través de alimentos ricos en feniletilamina e histidina, suelen ser mucho más frecuentes en niños y adolescentes que en adultos.

Dentro de este tipo de intolerancias distinguimos fundamentalmente tres categorías:

- **Intolerancia causada por aminas vasoactivas.** Esta categoría, a su vez, se divide en intolerancias por diaminas, como la histamina, e intolerancias por monoaminas como la tiramina, la feniletilamina, la serotonina y la dopamina.
- **Intolerancia causada por metilxantinas.** Ya las hemos mencionado como ejemplo de las sustan-

cias químicas que contiene el café o el té. Entre las metilxantinas están la cafeína, la teobromina y la teofilina.

- **Intolerancias causadas por otros elementos químicos,** como la capsaicina, el etanol y la miristicina.

3. **Intolerancias alimentarias metabólicas por aditivos.** Son, como ya se ha referido, las intolerancias producidas por los aditivos que se añaden a los alimentos, no por los alimentos en sí. Se pueden dividir, según el tipo de aditivo que las provoca, en las tres clases que se explican a continuación.

- **Intolerancias causadas por colorantes.** Un ejemplo sería la tartrazina, que desencadena una intolerancia entre cuyos síntomas pueden señalarse la urticaria crónica o el asma.
- **Intolerancias causadas por conservantes.** Los conservantes se dividen a su vez habitualmente en los siguientes tipos:

  ✓ Sulfitos, que provocan en el organismo de los intolerantes asma, eritema o urticaria.
  ✓ Benzoatos, que producen urticaria o angiodema.
  ✓ Nitritos, que pueden causar a las personas que no los toleran desde intoxicación hasta metahemoglobinemia.

- **Intolerancias causadas por potenciadores del sabor.** Entre ellos destaca el ya citado glutamato monosódico, que provoca el conocido popularmente como síndrome del restaurante chino.

3

SÍNTOMAS Y DIAGNÓSTICO DE LAS INTOLERANCIAS ALIMENTARIAS

¿CÓMO FUNCIONA EL PROCESO POR EL QUE SE DESENCADENA UNA INTOLERANCIA ALIMENTARIA EN NUESTRO CUERPO?

En el capítulo anterior acabamos de ver que, aunque en muchos casos los síntomas de alergias alimentarias y de intolerancias pueden tener similitudes, se trata de dos procesos muy diferentes. De manera general, sin entrar en detalles, la alergia a un determinado alimento o a alguno de sus componentes se produce debido a la formación, tras su ingesta, de anticuerpos de tipo IgE en el organismo.

Son estos anticuerpos los que desencadenarían el proceso alérgico. Sin embargo, en el caso de las intolerancias alimentarias, por una parte, el sistema inmunológico no intervendría y, por otra, en el organismo de la persona intolerante no se forman anticuerpos de tipo IgE, sino de tipo IgA, en una primera etapa y, después, tras múltiples estímulos, de tipo IgG.

Así pues, una intolerancia alimentaria se genera tras la ingesta de un determinado alimento porque el cuerpo reacciona ante alguna de sus proteínas produciendo anticuerpos IgG. De manera habitual, estos anticuerpos provocan en el organismo unos síntomas que, en los casos más evidentes, pueden consistir en diarreas o trastornos digestivos.

Sin embargo, no debemos descartar muchos otros síntomas o manifestaciones que, en principio, pueden no resultar tan evidentes y que, incluso, pueden ser difíciles de relacionar con la toma del alimento. Estos otros síntomas, llamados síntomas insidiosos, se dan, sobre todo, cuando la intolerancia alimentaria es moderada —es decir, que no reviste mucha gravedad— y crónica.

Volviendo a uno de los temas recurrentes en este libro, que tiene que ver con mi interés por dejar muy claras las diferencias entre alergia e intolerancia alimentaria, podemos hacer referencia también a una distinción relacionada con la presentación de los síntomas de la enfermedad en uno y otro caso. Aunque ya hemos dicho que, a veces, los síntomas pueden ser comunes en ambos casos, lo que sí puede ser muy diferente es el modo y el tiempo en los que se presentan, ya que en el caso de la alergia alimentaria los síntomas se producen nada más ingerir el alimento. Esto es, son inmediatos y agudos. En la intolerancia, en cambio, los síntomas son más sutiles y no se presentan en gran número de casos con tanta inmediatez.

En algunos casos de intolerancia, a veces, no aparece una sintomatología que pueda asociarse con claridad a la sustancia que el organismo no tolera. En otras ocasiones los síntomas consisten en alteraciones, como digestión pesada, dolor de cabeza o migraña, distensión abdominal, diarrea, retención de líquidos, problemas dermatológicos o respiratorios o sobrepeso, que pueden agravarse con el consumo de ciertas comidas.

Se trata, como se ve, de síntomas que, en muchos casos, sobre todo si se presentan de manera aislada, pueden confundirse con los de muchas otras enfermedades comunes e, incluso, con una simple indigestión.

¿EXISTEN ALIMENTOS QUE PROVOCAN MÁS INTOLERANCIAS ALIMENTARIAS QUE OTROS?

Es cierto, en efecto, que algunos tipos de elementos provocan más intolerancias que otros, por lo que, simplemente a modo de indicación, para que el lector pueda hacerse una idea, recurriremos a la clasificación elaborada por el Centro Inmunológico de Cataluña (CIC) sobre qué grupo de alimentos causan más intolerancias en España.

Según sus datos, en un deshonroso puesto número uno están los aditivos alimentarios, a los que siguen las frutas, los frutos secos... Veamos los porcentajes y la clasificación con mayor detalle:

- aditivos (18 %)
- frutas (17 %)
- frutos secos (15 %)
- lácteos y huevos (14 %)
- verduras (10 %)
- pescado (9 %)
- mariscos (8 %)
- legumbres (6 %)
- cereales (5 %)

Como dato adicional que, a mi juicio, no solo resulta muy interesante, sino que también tiene mucho que ver con los porcentajes reproducidos arriba, cabe señalar que los aditivos, en el número uno de la clasificación de alimentos, están presentes en dos tercios de los alimentos precocinados y elaborados que se consumen hoy en día en nuestro país.

Por lo tanto, lo que se ha de tener en cuenta es que, por ejemplo, es posible que si una persona no intolerante al pollo, pero sí a los aditivos, come pollo en un plato precocinado, este pueda provocarle una reacción de intolerancia, no por la carne en sí sino por los aditivos añadidos. Por eso creo importante recordar, por una parte, a todos los lectores que sean intolerantes a los aditivos o que tengan alguna persona cercana en esta situación, sobre todo si se trata de hijos pequeños, la necesidad de leer detenidamente las etiquetas de todos los alimentos preparados, procesados o precocinados que vayan a consumir, para detectar si contienen los aditivos que les producen intolerancia. Por otra parte, me lleva también a llamar la atención sobre el hecho de que es mucho más sano comprar alimentos frescos y cocinarlos antes que optar por los platos procesados o precocinados, que incorporan una gran cantidad de grasas, aditivos, potenciadores del sabor, etc. que normalmente no están presentes en los alimentos frescos y que, además, no aportan más que un extra artificial de sabor, pero no vitaminas ni nutrientes que repercutan positivamente en nuestra salud, sino más bien todo lo contrario.

¿CÓMO PUEDE DIAGNOSTICARSE UNA INTOLERANCIA ALIMENTARIA?

En la actualidad existen numerosas pruebas disponibles en el mercado destinadas, supuestamente, a diagnosticar las intolerancias alimentarias. Bien, seamos prudentes y claros en esto que voy a decir: muchas de estas pruebas, basadas en diferentes metodologías y procesos, carecen en su mayor parte de evidencias científicas y no existen ensayos clínicos que demuestren su eficacia.

Se trata, por lo demás, de pruebas que conllevan un elevado desembolso económico —su precio puede oscilar entre los 60 y los 500 euros— y que, si lo pensamos bien, lo son más todavía en el sentido de que ni son fiables ni concluyentes.

Pero lo más grave, lo que puede pasar factura a las personas que optan por ellas es que, de acuerdo con el resultado de estas pruebas, se determinan supuestas intolerancias alimentarias por causa de las cuales se recomiendan dietas muy restrictivas, que establecen la reducción o la eliminación de una serie de alimentos que, en teoría, sientan mal al paciente diagnosticado, y que a la larga puede llevarle a sufrir déficits nutricionales severos. En conclusión, aunque para realizar la prueba no se infiere ningún daño al paciente, porque ni los análisis de pelo, ni los de sangre, etc. son dañinos, sí puede ser nocivo que, a consecuencia de los resultados de estos test, las personas que crean padecer alguna intolerancia se sometan a dietas altamente restrictivas que pueden perjudicar, y mucho, su salud. Si se llevan a cabo en niños, incluso pueden llegar a afectar a su desarrollo y crecimiento.

Para aprender a reconocer cuáles son estos exámenes, conocidos en el entorno médico como pruebas diagnósticas no validadas, repasaremos brevemente las dos más conocidas a fin de que cualquier persona interesada, o que crea que pueda ser intolerante, valore en su debido momento hasta qué punto le resulta conveniente y, sobre todo, eficaz, someterse, o no, a ellas.

DETERMINACIÓN DEL IgG

Consiste en una prueba que determina la presencia de anticuerpos IgG, los que genera el organismo cuando se produce una reacción de intolerancia, en la sangre.

Es decir, después de que la persona supuestamente intolerante haya consumido determinados alimentos, se busca en su sangre la presencia de IgG a partir de los resultados de un análisis sanguíneo, lo que determinaría, según los defensores de esta prueba, que dicha persona es intolerante a esos alimentos.

Ahora bien, es conveniente destacar que estas pruebas detectan exactamente esto que acabo de explicar: la presencia de IgG en sangre tras el consumo de determinados alimentos. Por lo tanto, no detectan la intolerancia alimentaria en sí, si somos intolerantes, y a qué, sino únicamente la presencia de anticuerpos, que es algo muy diferente.

Además, la presencia de infinidad de variables hace esta prueba enormemente insegura y, por decirlo de algún modo, indeterminada: ¿cuántos análisis tendríamos que hacernos, cuántos alimentos tendríamos que consumir previamente, de qué forma, en qué dosis, y asociándolos a qué otros alimentos, para llegar a determinar de manera concluyente que son esos alimentos y no otras circunstancias los que hacen que nuestro organismo reaccione produciendo anticuerpos IgG?

TEST ALCAT©

Se trata de una prueba no validada —como todas las que estamos viendo en este apartado— que se utiliza en el diagnóstico de intolerancias alimentarias.

Dicho test se basa en el siguiente proceso fisiológico: se ha comprobado que cuando ciertos elementos de los alimentos entran en contacto con la pared intestinal y pasan al torrente sanguíneo pueden provocar un fenómeno por el cual «se irritan» los granulocitos, las plaquetas y los linfocitos. Esto, a su vez, provoca la producción de linfocinas y tromboxanos, que son un tipo de mediadores inmunoquímicos, lo que genera, finalmente, una inflamación localizada en la pared intestinal que da lugar a una alteración de su permeabilidad y que facilita, por tanto, el paso de los alimentos no tolerados a través de esta.

Como se ve, se trata de un círculo vicioso que no parece tener final. En esta dinámica, el test Alcat© realiza un estudio del comportamiento específico de estas células frente a cada alimento. Se lleva a cabo mediante un simple análisis de sangre y con la muestra obtenida se reproduce, en el laboratorio, la respuesta de las células frente a cien alimentos diferentes y a veinte aditivos o colorantes.

Con estas comprobaciones se pueden obtener tres resultados: la respuesta de las células de la sangre puede ser grave, media o leve. Si se trata de una respuesta grave, se recomienda eliminar por completo los alimentos que la han provocado de la dieta del paciente. Si se da una respuesta media, se aconseja eliminar esos alimentos de seis a doce meses. Por último, si se produce una respuesta leve, se eliminarán estos alimentos de la dieta durante solo un mes.

A mi juicio, el problema del test Alcat©, desarrollado por una patente norteamericana es, como ya he comentado con anterioridad, que se trata de un método de diagnóstico no validado y, por tanto, su empleo resulta muy arriesgado. Por ejemplo, en los casos que este método determina como graves, eliminar totalmente y de manera indefinida de la dieta de una persona un grupo de alimentos puede tener consecuencias nutricionales gravísimas y puede afectar en gran medida a su salud.

¿CUÁL ES, POR TANTO, EL PROBLEMA PRINCIPAL QUE SURGE CON LOS MÉTODOS NO VALIDADOS DE DIAGNÓSTICO?

En este punto me remitiré a la postura oficial de la Sociedad Catalana de Alergia e Inmunología Clínica (SCAIC), que sostiene que estos métodos de diagnóstico —que a veces incluso adquieren la categoría mucho más peligrosa de autodiagnóstico— no validados, que se ofertan en algunas farmacias o parafarmacias, también en determinadas clínicas privadas o en aseguradoras, no solo son poco fiables, sino que en muchos casos contribuyen a retrasar —lo que es mucho más grave— un verdadero y fiable diagnóstico médico y un tratamiento adecuado que ponga remedio a la intolerancia o la alivie.

Entre estos diagnósticos no validados, la SCAIC incluye las pruebas (test Alcat© y test Novo Immogenics), la determinación de IgG específica, la biorresonancia, la electroapuntura y la kinesiología.

Para aportar una mayor información, mucho más detallada desde el punto de vista científico, se reproduce a continuación una tabla en la que se exponen y resumen los principales tipos de métodos no validados de diagnóstico de intolerancias alimentarias. En ella se ve con claridad en qué consiste cada una de esas pruebas, de manera que, si en algún momento nos recomiendan someternos a una, como pacientes podamos estar informados debidamente y tener presente que, por más aparentes que resulten, no están fundamentadas en bases médicas o científicas contrastadas, ni reconocidas por los médicos expertos en intolerancias alimentarias como pruebas diagnósticas.

Métodos no validados de diagnóstico

TIPO DE TEST	DESCRIPCIÓN
Determinación de IgG o IgG4	Determinación de IgG (IgG4) contra determinados alimentos por ELISA o RIA
Reacción citotoxicidad (ALCAT©)	Determinación de reacción leucocitaria a Ag alimentarios
Test electrodérmico	Medición de conductividad dérmica. Determinación de descenso en conductividad con el contacto con determinados alimentos
Análisis del pelo	Análisis por biorresonancia del pelo
Test del pulso	Descenso de > 16 lpm indica intolerancia tras una exposición sublingual o transdérmica

TIPO DE TEST	DESCRIPCIÓN
Test de provocación sublingual	Provocación de síntomas tras una exposición sublingual de extracto del alimento a estudio
Test del ADN	Estudio de susceptibilidad genética a determinados alimentos

Fuente: S. Jiménez-Contreras (2018). «Intolerancias alimentarias y diarrea funcional». *RAPD ONLINE*. Vol. 41, Núm. 3: pág. 130).

¿CÓMO PUEDE DIAGNOSTICARSE CORRECTAMENTE UNA INTOLERANCIA ALIMENTARIA?

Ya hemos visto los métodos diagnósticos que los profesionales médicos no reconocemos como validados. Entonces, ¿cuál es la manera correcta de realizar un diagnóstico que pueda dar la seguridad a un paciente de que hemos descubierto si padece una intolerancia alimentaria y a qué?

En primer lugar, lo que resulta evidente es que el diagnóstico que determine si una persona padece o no una intolerancia alimentaria, a qué tipo de alimentos y en qué grado ha de ser realizado por un especialista, un doctor licenciado en medicina —preferiblemente con alguna especialidad, estudios o posgrado relacionados con el aparato digestivo o, como es mi caso, con nutrición, dietética o dietoterapia—.

Además de utilizar métodos de detección científicamente validados, que pueden ser muy diferentes en función del tipo de alimentos que se sospeche que provocan la intolerancia alimentaria, resulta fundamental, incluso esencial, que el médico escuche al paciente o a sus familiares —en caso de tratarse de un niño pequeño o de un bebé— y que atienda no solo al historial médico, sino también a las circunstancias y el modo en que se han presentado los síntomas. El doctor ha de realizar preguntas concretas, ir al detalle, inquirir sobre el historial médico de una manera detallada y, también, sobre los antecedentes familiares de la persona afectada. En cuanto a los síntomas, se ha de prestar mucha atención no solo a sus manifestaciones en sí, sino a la frecuencia, al momento en que se dan, a la relación que tiene la aparición de los síntomas con el consumo de determinados alimentos, etc.

Tras esta conversación, destinada a recabar la mayor información posible, y una revisión del historial y de los antecedentes, el médico realizará un reconocimiento físico completo del paciente y prestará especial atención a la piel, ya que muchas intolerancias presentan síntomas como escozor, prurito, aparición de manchas, etc.

Por último, pero no por ello menos importante, se procederá a realizar las pruebas médicas necesarias para determinar y establecer a qué alimentos se es intolerante y en qué medida.

Estas pruebas pueden ser muy diversas, y no tienen por qué realizarse todas las que enumeraremos. Es muy importante tener en cuenta el criterio del médico, que, de acuerdo con el historial, el reconocimiento, los síntomas, etc. ya se habrá hecho una idea de cuál puede ser el alimento o la causa de los síntomas, e incluso puede haber llegado a la conclusión, lo que no es en absoluto descartable, de que estos síntomas se deban a una alergia y no a una intolerancia o, por ejemplo, a algún otro tipo de problema digestivo que nada tenga que ver con una intolerancia alimentaria.

Sea como sea, el médico puede determinar que se realicen análisis, programar la eliminación temporal de la dieta de ciertos alimentos o tomar otras medidas.

Es conveniente señalar que, en cada caso concreto de intolerancia a una sustancia, como a la lactosa, al gluten, etc., se realizan pruebas médicas específicas que veremos más adelante en cada uno de los capítulos correspondientes. Lo más relevante ahora es recordar, una vez más, que estas pruebas han de ser prescritas por médicos cualificados y que han de ser llevadas a cabo en centros médicos por profesionales formados para ello. Estas pruebas, además, están avaladas por estudios clínicos y científicos y, por tanto, sus resultados serán fiables. Además, siempre serán realizadas y analizadas por un médico, que recomendará en cada caso el tratamiento adecuado.

SEGUNDA PARTE

LAS INTOLERANCIAS ALIMENTARIAS MÁS COMUNES

CONSIDERACIONES GENERALES

Acabamos de ver, en la parte dedicada a las cuestiones generales sobre las intolerancias alimentarias, todo lo que tiene que ver con las causas que las provocan, la clasificación general de los tipos existentes, cuáles son los métodos más usuales de diagnóstico y los síntomas que las caracterizan. A continuación veremos los cuatro tipos de intolerancias alimentarias más comunes en los cinco capítulos siguientes y, también, un quinto capítulo, dedicado a otras intolerancias alimentarias frecuentes que no queremos pasar por alto.

Por último, estos son los tipos más frecuentes de intolerancias alimentarias, que pasaremos a explicar con detalle: intolerancia a la fructosa, a la lactosa, al gluten y a la histamina. Veámoslos.

4

INTOLERANCIA A LA FRUCTOSA

¿QUÉ ES LA FRUCTOSA?

La fructosa es un monosacárido, esto es, un tipo de azúcar —en concreto, un azúcar formado por una sola unidad— que forma parte, junto a la glucosa, de lo que conocemos comúnmente como azúcar común o sacarosa, ya que esta se compone a partes iguales por fructosa y glucosa. Sabemos, como acabamos de ver, que:

1 molécula de sacarosa = 1 fructosa + 1 glucosa

Ahora bien, ¿de dónde podemos extraer fructosa? O, dicho de otro modo, ¿qué alimentos la contienen? La fructosa se encuentra de manera natural en muchos alimentos, como las frutas, las verduras, los cereales, la remolacha, la caña de azúcar, la miel y el sirope de maíz.

Tal y como su nombre indica, la fructosa pertenece al que llamamos grupo de azúcares de la fruta. No son pocos los zumos de fruta, como el jugo espeso de uva —que en muchas partes es conocido como azúcar de uva— tienen un alto contenido en fructosa.

La fructosa se utiliza en la elaboración de muchos productos alimenticios como aditivo o edulcorante artificial y, como resulta más dulce incluso que el llamado azúcar común, en los últimos años ha aumentado su uso. Así, entre los alimentos elaborados podemos rastrear la presencia de fructosa en refrescos, caramelos y bollería, en muchos de los alimentos que se publicitan con la frase «sin azúcar añadido» y también entre las gamas de productos aptos para diabéticos.

¿QUÉ RELACIÓN HAY ENTRE LA MALABSORCIÓN DE FRUCTOSA Y LA INTOLERANCIA A LA FRUCTOSA?

Veamos la relación entre malabsorción e intolerancia respecto a dos tipos de azúcares, la fructosa y el sorbitol, que analizaremos detenidamente en este capítulo por un motivo que veremos más adelante. Comenzaremos por las malabsorciones:

- **Malabsorción de fructosa.** La llamada malabsorción de fructosa tiene lugar en una persona cuando en su organismo existe una carencia de un transportador intestinal específico llamado GLUT5.

  La tarea de este transportador es llevar la fructosa desde la cavidad del intestino delgado hasta la célula. El GLUT5 actúa generalmente dependiendo de la cantidad de fructosa presente en la llamada luz intestinal, esto es, en el hueco del interior del intestino.

  Ahora bien, el mecanismo por el que se produce la absorción de la fructosa no es tan sencillo como parece, ya que en el proceso interviene no solo el GLUT5 como transportador específico, sino que también es necesario el GLUT2, un transportador que comparten otros azúcares, como la glucosa y la galactosa. Por esta razón, muchos pacientes puedan llegar a pensar que su cuerpo absorbe, o no, la fructosa de manera casi aleatoria cuando no es así.

Lo que ocurre es lo siguiente: si una persona con malabsorción de fructosa por déficit de GLUT5 toma algún ingrediente que solo contiene este tipo de azúcar, se producirá esta malabsorción. En cambio, si ingiere algún alimento que contiene fructosa y otro azúcar, como la glucosa, como su cuerpo carece de GLUT5 pero no de GLUT2, que es el transportador intestinal que precisa la glucosa, el organismo no presentará problemas para absorber grandes cantidades de fructosa, algo que sí ocurre cuando no está presente la glucosa. En ese caso, el organismo carecerá de todo tipo de transportador intestinal, tanto el GLUT5, que por defecto no produce, como el GLUT2, que no hace su aparición porque no hay glucosa para absorber.

Como resumen, para entenderlo de una manera muy sencilla, diríamos, a modo de metáfora, que la glucosa es solidaria cuando va con la fructosa y, a la hora de ser absorbida en el tubo intestinal, le cede parte de su GLUT2 que actúa como transporte intestinal tanto de la glucosa como de la fructosa. Pero si la fructosa va sola, sin su amiga la glucosa, no hay modo de compartir taxi para volver a casa; no hay GLUT5, no hay transporte (intestinal, claro) que la lleve y se queda compuesta y sin ser absorbida.

Y es por esto, también, por lo que se explica que las personas intolerantes a la fructosa puedan tomar sin problemas sacarosa o azúcar común, ya que, como hemos visto, el azúcar común está compuesto a partes iguales por una molécula de fructosa más una molécula de glucosa.

En cambio, la cosa cambia cuando la fructosa no hace su viaje con la glucosa sino con el sorbitol. Veámoslo a continuación.

- **Malabsorción de sorbitol.** Ante todo, ¿qué es el sorbitol? Es un alcohol de azúcar que se usa, al igual que la fructosa, como edulcorante, pero también como espesante y humectante. La gran diferencia entre este y la glucosa y la fructosa es que el sorbitol aporta muy pocas calorías, por lo que podemos encontrarlo con mucha frecuencia entre los ingredientes de chicles, gominolas, zumos envasados, productos dietéticos y hasta entre los de la pasta dentífrica o en medicamentos.

  En estos casos y en muchos otros en los que el sorbitol se usa como aditivo, podemos encontrarlo en las etiquetas de alimentos y en la composición de medicinas, en productos de higiene bucal, etc. nombrado como E 420. En otros casos aparecerá el término *sorbitol*. Si nos leemos con todo detalle la composición o los ingredientes de muchos alimentos y no lo encontramos escrito así, y en cambio sí aparece el aditivo E 420, no debemos tener ninguna duda: ese alimento lleva sorbitol, y es importante estar al tanto de ello, aunque nos pueda parecer lo contrario, porque una persona sana solo puede absorber una cantidad limitada de sorbitol a diario. Está estimado que esta cantidad media es de 20 a 25 gramos, por lo que si cualquier persona, intolerante o no al sorbitol, absorbe más de esta cantidad, se pueden producir síntomas muy similares a los de la malabsorción.

  Además de como aditivo, el sorbitol está también presente de manera natural en muchos alimentos. Se encuentra en las algas rojas, las peras, las manzanas, las ciruelas, el membrillo, los albaricoques, los melocotones y, en general, en las hojas y los frutos de plantas pertenecientes a la familia de las rosáceas.

  Así pues, ¿cómo se desencadena el mecanismo de malabsorción de sorbitol? Tiene lugar, al igual que en el caso de la fructosa, debido a un déficit de su transportador intestinal específico, que es también el GLUT5, lo que origina que fructosa y sorbitol compitan por el mismo tipo de transportador.

Es precisamente por esto que las personas intolerantes a la fructosa no deben tomar tampoco sorbitol, y mucho menos ambos azúcares juntos, ya que si la glucosa era generosa y compartía taxi (esto es, transportador intestinal) con la frutosa, el sorbitol, volviendo a nuestra metáfora, no solo no compartirá taxi, sino que competirá por él, con lo cual las posibilidades de que la fructosa se quede sin transportador no es que disminuyan, sino que se duplican en la misma proporción en que aumenta la pugna o competición por este entre fructosa y sorbitol.

Así pues, vistas las malabsorciones, vayamos ahora con las intolerancias, que tanto en el caso de la fructosa como del sorbitol están directamente relacionadas con la malabsorción:

- **Intolerancia a la fructosa.** Tiene su causa directa en la malabsorción de la misma. Expliquémoslo: fruto de la incapacidad del intestino para absorberla correctamente debido a la carencia de GLUT5, la fructosa que no ha sido correctamente absorbida llega hasta el colon, donde las bacterias intestinales la someten a un proceso de fermentación que, a su vez, da lugar a la liberación de gases, entre los que se cuentan principalmente dióxido de carbono, metano e hidrógeno. Pero no son gases lo único que se libera por la fermentación; también ácidos grasos llamados de cadena corta y agua.

  Pues bien, estos gases y ácidos son los que causan los molestos síntomas asociados a la intolerancia a la fructosa.

- **Intolerancia al sorbitol.** Está causada de forma directa por la malabsorción del sorbitol, exactamente igual a como ocurre en la intolerancia a la fructosa. Ya hemos visto que el sorbitol precisa para su absorción del mismo tipo de transportador intestinal que la fructosa, el llamado GLUT5, y es por esto que la malabsorción de sorbitol y fructosa están tan asociadas, como también lo están las dos intolerancias, hasta el punto de que recientemente se haya comenzado a recomendar a los intolerantes a la fructosa que tampoco tomen sorbitol.

¿SERÍA CORRECTO HABLAR DE INTOLERANCIA A LA FRUCTOSA-SORBITOL?

Acabamos de ver hasta qué punto está íntimamente relacionada la malabsorción de fructosa con la de sorbitol y, por tanto, hasta qué punto lo está también la intolerancia a la fructosa con la intolerancia al sorbitol. Desde este punto de vista, por tanto, sí sería correcto designarla como intolerancia a la fructosa-sorbitol y, de hecho, en la actualidad ya se está empezando a conocer por este nombre en diversos medios y entornos relacionados con la medicina.

¿CUÁL ES LA INCIDENCIA DE LA INTOLERANCIA A LA FRUCTOSA Y AL SORBITOL?

Hoy en día el alcance de esta intolerancia es desconocido, o al menos es imposible determinarlo con un grado máximo de exactitud. Se estima, en todo caso, que puede afectar en torno a un 40 % o 60 % de la población. Lo que sí se sabe con certeza es que, a diferencia de lo que sucede con la intolerancia a la lactosa, en el caso de la fructosa-sorbitol no se puede decir que existan factores geográficos o raciales asociados al hecho de que esta se produzca o no. Aun así, se ha demostrado que la intolerancia a la fructosa, al menos en lo relativo a establecer una comparación, es más frecuente que la intolerancia a la lactosa, hasta el punto de que se cree que 30 de cada 100 personas son intolerantes a la fructosa-sorbitol en mayor o menor medida.

¿CUÁNTOS TIPOS EXISTEN DE INTOLERANCIA A LA FRUCTOSA-SORBITOL?

Comencemos por el principio haciendo un poco de historia: la fructosa se aisló y se descubrió como tal en 1794, pero no ha sido hasta las últimas décadas del siglo XX que ha comenzado a hablarse de intolerancia a la fructosa (o, por seguir con lo enunciado del apartado anterior, a la fructosa-sorbitol).

¿Cómo es que hasta el siglo XX científicos y médicos no repararon en que la malabsorción de la fructosa podía producir molestias intestinales? Esto se debe, por una parte, a que el consumo de fructosa ha aumentado progresivamente desde una época reciente —sobre todo por el alto consumo en sirope de maíz, con un alto porcentaje de fructosa— y, por otra, a que en realidad el consumo excesivo de fructosa, incluso en personas sanas y que no tienen ningún tipo de intolerancia, puede producir trastornos metabólicos de por sí.

Bien, expondremos ahora los cuatro tipos de intolerancia a la fructosa que distinguen médicos y especialistas:

1. **Intolerancia primaria a la fructosa.** Se produce por una disminución progresiva de los transportadores intestinales de la fructosa, es decir, el GLUT5. Al ser esta disminución progresiva, este tipo de intolerancia va desarrollándose a lo largo de la vida, y afectará más a la persona intolerante, lógicamente, a medida que envejezca.

Se cree que este tipo de intolerancia tiene una causa genética, por lo que es posible que, si nosotros la padecemos, otros miembros de nuestra familia también la sufran.

2. **Intolerancia secundaria a la fructosa.** A diferencia de la intolerancia primaria, esta no tiene una causa genética, sino que se origina cuando una enfermedad intestinal afecta o daña el borde de la mucosa intestinal. Según la enfermedad de que se trate, esta alteración puede ser transitoria o permanente.

Algunas de las enfermedades que causan esta intolerancia secundaria pueden ser la gastroenteritis, la enfermedad inflamatoria intestinal o la celiaquía. También puede producirse este daño como efecto secundario de la radioterapia.

La intolerancia secundaria a la fructosa es, tal y como se indica, una intolerancia, y no debe ser confundida con otras enfermedades relacionadas con una mala metabolización de la fructosa a nivel hepático, que son afecciones mucho más graves y, además, debidas a causas genéticas.

3. **Intolerancia hereditaria o fructosemia.** Es una enfermedad calificada como muy rara. Se estima que se da en 1 de cada 30.000 nacimientos y se sabe que es una enfermedad genética causada por una herencia autosómica recesiva.

¿Qué produce la fructosemia?

La fructosemia se produce por un déficit de una enzima hepática. Por tanto, no tiene que ver con un problema de absorción de glucosa en el intestino, sino con el hecho de que cuando la fructosa llega al hígado no puede metabolizarse.

Los síntomas de esta enfermedad comienzan a manifestarse en bebés lactantes, en el momento en que empiezan a consumir azúcar común, fructosa o sorbitol, y pueden ser muy severos: dolor abdominal, calambres, irritabilidad, somnolencia, vómitos y falta de apetito. Se pueden llegar a producir, incluso, bajadas muy significativas de azúcar en la sangre, y puede dar lugar a que el niño gane poco peso. El tratamiento pasa por una dieta sin fructosa muy estricta, ya que de lo contrario el paciente puede llegar a desarrollar ictericia y, a la larga, una enfermedad hepática y renal grave.

Fructosuria benigna o esencial

Se trata de una enfermedad más rara todavía que la fructosemia, ya que se da en 1 de cada 120.000 nacimientos.

Al igual que la fructosemia, se produce también por un déficit de otra enzima del hígado encargada de metabolizar la fructosa, solo que en el caso de esta enzima concreta, lo que se origina en el organismo de la persona que padece esta intolerancia es una elevación anormal de la fructosa en sangre que no remite hasta que es finalmente eliminada por la orina.

Al menos, a diferencia de la fructosemia, la fructosuria no produce síntomas ni tampoco hipoglucemias ni daño hepático o renal, por lo que se trata de una intolerancia mucho menos grave y más llevadera.

¿CUÁLES SON LOS SÍNTOMAS DE LA INTOLERANCIA A LA FRUCTOSA-SORBITOL?

Se pueden dar síntomas intestinales y extraintestinales. A continuación, explicaremos cómo se desarrollan.

- **Síntomas intestinales.** Los causan, principalmente, dos mecanismos diferentes. Por una parte, la presencia de azúcares no absorbibles en el intestino hace que se acumule agua en su interior, lo que provoca diarrea. Por otra, como ya se ha dicho con anterioridad, la fructosa y el sorbitol no absorbidos llegan al colon, donde serán fermentados por diferentes bacterias, y provocarán gases y síntomas parejos a esta acumulación, como dolor abdominal cólico, hinchazón, distensión abdominal, o abombamiento, gases, meteorismos, borborigmos (ruidos producidos por la mezcla de fluidos intestinales con los gases) o diarrea explosiva (diarrea con abundante gas).

Otros síntomas de la intolerancia a la fructosa-sorbitol que tienen que ver con el sistema digestivo son, entre otros, náuseas y vómitos, cefaleas, estreñimiento, desnutrición y pérdida de peso —aunque son síntomas poco frecuentes, en el caso de darse en niños pueden llegar a provocar un retraso en su desarrollo—, eritema perianal y escozor deposicional —por la acidez de las heces, y sobre todo también en niños—.

- **Síntomas extraintestinales.** Son los siguientes síntomas generales, que no tienen que ver con el aparato digestivo:

  - ✓ falta de energía, cansancio crónico;
  - ✓ inquietud interna;
  - ✓ nerviosismo, trastornos de concentración;
  - ✓ estado de ánimo depresivo. Las oscilaciones bruscas del ánimo se producen por un déficit de serotonina, un neurotransmisor conocido como la hormona de la felicidad. La razón de este déficit está en el hecho de que la fructosa no absorbida «se asocia» a un aminoácido llamado triptófano y, como el complejo fructosa-triptófano no se

puede absorber en el intestino, no hay suficiente cantidad del aminoácido en sangre y no se puede sintetizar la serotonina en la cantidad adecuada.

¿CUÁNDO APARECEN LOS SÍNTOMAS DE LA INTOLERANCIA A LA FRUCTOSA-SORBITOL?

En el caso de la intolerancia a la fructosa-sorbitol, el tiempo que transcurre entre la ingestión del alimento con fructosa o sorbitol y la aparición de los síntomas puede variar mucho en función de lo que tarde en llegar el azúcar no absorbido al colon.

En ocasiones los síntomas pueden aparecer a los treinta minutos de la ingesta y otras veces, en cambio, se manifiestan incluso tres o cuatro horas después. Esto último puede suceder por motivos que llamaríamos cotidianos, como tomar la fructosa o el sorbitol junto con otros alimentos, con lo que, al mezclarse, se digieren más lentamente; o consumir la fructosa o el sorbitol justo al final de la comida, como ocurre cuando tomamos fruta de postre. Pero también puede deberse a la existencia de enfermedades que retrasen el vaciado gástrico, como la diabetes, el Parkinson o la esclerodermia.

Otro factor que hay que tener en cuenta respecto a la manifestación de los síntomas es el hecho de que el grado de intolerancia varía de unos pacientes a otros y está relacionado con la sensibilidad intestinal de cada uno. De este modo, pacientes con elevada sensibilidad intestinal (por ejemplo, aquellos que padecen el síndrome de intestino irritable) pueden sufrir un gran número de síntomas aunque su grado de malabsorción no sea muy elevado y, al contrario, se puede dar el caso de personas con un grado elevado de malabsorción que, en cambio, sufren menos síntomas o apenas los padecen.

¿CÓMO SE DIAGNOSTICA LA INTOLERANCIA A LA FRUCTOSA-SORBITOL?

Cuando un paciente acude a mi consulta y me cuenta síntomas que me hacen pensar en una intolerancia, le hago una encuesta dietética, en primer lugar y, si esta me hace sospechar de la existencia de intolerancia a la fructosa, le mando hacer la prueba de hidrógeno espirado, que es la más fiable para realizar un diagnóstico. Tras acudir al médico y contarle nuestros síntomas, es muy posible que, dada la elevada incidencia de esta intolerancia entre la población, este nos realice la llamada encuesta dietética y, si esta le hace sospechar de la existencia de esta intolerancia, nos recomiende hacer la prueba de hidrógeno espirado, que es la más fiable para realizar un diagnóstico.

¿EN QUÉ CONSISTE LA PRUEBA DEL HIDRÓGENO ESPIRADO?

La prueba consiste en hacer tomar al paciente una solución de fructosa-sorbitol que contiene, por lo general, 25 gramos de fructosa y 5 de sorbitol. Si el paciente sufre síntomas propios de la intolerancia, los responsables médicos podrán determinar qué tipo y qué grado de intolerancia padece.

Para que la prueba dé unos resultados concluyentes será preciso que se reúnan las siguientes condiciones:

- El paciente no habrá tomado antibióticos ni antiácidos desde dos semanas antes.
- El paciente no habrá usado enemas ni habrá realizado limpiezas intestinales desde una semana antes.
- El paciente no habrá consumido desde el día anterior leche o productos lácteos, cereales, pan, galletas, productos de pastelería, mermeladas, legumbres, patatas, verduras, frutas o sus zumos, refrescos, jamón de York, embutidos, chicles, gominolas o caramelos.

- El paciente se ha de presentar en ayunas, no debe haber comido nada en las ocho horas previas a la prueba. Tampoco se habrá cepillado los dientes.
- No habrá fumado ni realizado ninguna actividad física.

¿EN QUÉ CONSISTE LA PRUEBA DE LA SOBRECARGA DE FRUCTOSA?

Se trata de otra prueba destinada a constatar la existencia de intolerancia a la fructosa que se realiza determinando el aumento del azúcar en sangre: si tras la toma de fructosa-sorbitol se detecta un aumento de menos de 25 mg por 100 ml de sangre capilar, esto indicará la existencia de una malabsorción de la fructosa.

¿CUÁL ES EL TRATAMIENTO PARA LA INTOLERANCIA A LA FRUCTOSA-SORBITOL?

Tras realizar estas pruebas, si su resultado es positivo, será el médico quien determine el tratamiento que se seguirá. Por lo general, este no suele restringir por completo el consumo de fructosa, algo que solo ocurrirá, por norma, en los casos de intolerancia hereditaria a la fructosa.

La resistencia de los especialistas a eliminar por completo la fructosa radica en el hecho de que los alimentos que la contienen suelen ser muy beneficiosos para la salud, por lo que deben consumirse con regularidad. Así pues, ¿qué debemos hacer si somos intolerantes? Lo normal será regular la cantidad de alimentos con fructosa que se consumen. Esta regulación se irá haciendo de manera gradual, lo que nos permitirá averiguar el grado de intolerancia de cada paciente en concreto, y determinar así las cantidades que puede consumir para no padecer síntomas. El concepto *tolerancia individual* es sumamente importante, ya que en cada persona puede variar mucho.

Una vez determinada la cantidad de fructosa que puede consumir —lo habitual es que una persona adulta intolerante pueda ingerir hasta un máximo de 10 gramos de fructosa en cada comida—, la persona intolerante deberá aprender a regular su ingesta, para lo cual también es imprescindible que conozca los porcentajes de fructosa por alimento y peso, tanto en frutas como verduras, teniendo siempre en cuenta que en la fruta el porcentaje de fructosa normalmente es mayor. Como este proceso suele ser complejo, los especialistas suelen recomendar que, para calcular la cantidad de fructosa que tolera cada paciente, se realice el tratamiento en tres fases:

1. **Fase de carencia.** En esta fase la dieta ha de ser baja en fructosa y sorbitol, se recomienda consumir no más de 0,04 gramos de fructosa por kilo de peso, lo que en una persona de 70 kilos equivaldría a no más de 2,8 gramos de fructosa por día.

   Esta primera fase deberá prolongarse entre dos y cuatro semanas, en las que se aspira a que desaparezcan los síntomas de la intolerancia y a que la microbiota intestinal se recupere. Cuando el paciente esté más de cinco días sin síntomas (durante ese período de dos a cuatro semanas) será el momento de pasar a la siguiente fase.

   Ahora bien, es importante señalar que, según las estadísticas, se estima que en torno al 25 % de pacientes intolerantes a la fructosa lo son también a la lactosa, por lo que si tras esta primera fase los síntomas persisten, se recomienda hacer una prueba adicional de intolerancia a la lactosa.

2. **Fase de prueba.** El objetivo de esta fase es determinar el límite de tolerancia a la fructosa del paciente. Para

ello, se aumentará paulatinamente la cantidad de fructosa en su dieta. Es muy importante, en este sentido, no olvidar que la glucosa aumenta la absorción de fructosa, por lo que no se trata solo de elegir alimentos con bajo contenido en fructosa sino de establecer qué relación de glucosa y fructosa presenta.

Si estos alimentos con bajo contenido en fructosa y buena relación fructosa-glucosa no provocan síntomas de intolerancia, se podrán incorporar, de forma progresiva, alimentos con un mayor índice de fructosa.

Esta fase, debido a su carácter «experimental», que obliga a ir probando poco a poco, no tiene un tiempo de duración determinado.

Contenido de fructosa en verduras
(ración de 200 g)

* = buena relación fructosa/glucosa

1. Entre 3 y 4 g de fructosa (están colocadas de menos a más contenido)

- Rábano blanco*
- Apionabo
- Alcachofa (el doble de fructosa que de glucosa)
- Repollo*

2. Entre 2 y 3 g de fructosa (están colocadas de menos a más contenido)

- Espárrago
- Calabacín
- Brócoli crudo
- Berenjena*
- Hinojo*
- Puerro (el doble de fructosa que de glucosa)
- Pimiento*
- Lombarda*
- Calabaza*
- Cebolla*
- Judía verde
- Zanahoria cruda*
- Tomate

3. Entre 1 y 2 g de fructosa (están colocadas de menos a más contenido)

- Lechuga
- Col de Bruselas cocida
- Rábano*
- Col china
- Achicoria*
- Boniato*
- Coliflor cocida
- Cebollino
- Col de Bruselas cruda
- Brócoli cocido
- Pepino
- Coliflor cruda
- Zanahoria cocida

4. Entre 0 y 1 g de fructosa (están colocadas de menos a más contenido)

- Perejil
- Guisantes*
- Espinacas cocidas*
- Espinacas*
- Apio
- Patata
- Endivia (doble F que G)
- Canónigo*
- Aguacate (doble F que G)
- Acelga
- Boletus y champiñones
- Remolacha*
- Maíz dulce*

Contenido de fructosa en frutas
(ración de 150 g)

1. Más de 10 g de fructosa (están colocadas de menos a más contenido)

- Pera (5 veces más de fructosa que de glucosa)
- Granada
- Uva (sorbitol)
- Caqui

2. Entre 5 y 10 g de fructosa (están colocadas de menos a más contenido)

- Plátano*
- Guayaba
- Ciruela Claudia
- Sandia
- Kiwi

- Manzana (3 veces más de fructosa que de glucosa; sorbitol)
- Cereza*

3. Entre 0 y 5 g de fructosa (están colocadas de menos a más contenido)

- Papaya* (3 veces más de glucosa que de fructosa)
- Higo chumbo* (9 veces más de glucosa que de fructosa)
- Lima*
- Melón
- Melocotón
- Mandarina
- Limón
- Ciruelas* (sorbitol)
- Frambuesa (sorbitol)
- Pomelo
- Fresa
- Grosella roja
- Pina*
- Naranja
- Mango (el doble de fructosa que de glucosa)
- Arándano rojo*
- Mora (sorbitol)
- Lichi*
- Arándano (sorbitol)

Contenido de fructosa en frutas secas
(ración de 20 g)

- Orejón de albaricoque (1 g)
- Orejón de melocotón (1,5 g)
- Ciruelas pasas (1,8 g)
- Higos secos (4,7 g)
- Dátiles (5 g)
- Manzana seca (5,7 g)
- Uvas pasas (6,3 g)

3. **Fase de tratamiento crónico.** Al llegar a esta fase ya sabemos qué cantidades diarias de fructosa podemos consumir si somos intolerantes, por lo que el objetivo es mantener esta cantidad sin rebasarla, para vivir y comer el resto de nuestra vida con normalidad y sin padecer los síntomas de la intolerancia.

¿QUÉ CONSEJOS PUEDEN RESULTAR PRÁCTICOS PARA SOBRELLEVAR SIN MOLESTIAS LA INTOLERANCIA A LA FRUCTOSA?

Aunque algunos de los siguientes consejos puedan parecer obvios, incluso una perogrullada, es importante seguirlos:

- **Masticar bien los alimentos y tomarse el tiempo necesario para comer,** sin prisas y sin hacer a la vez alguna otra tarea (como ver la televisión o jugar a un videojuego). Lo ideal es emplear un mínimo de veinte minutos para cada comida (desayuno, comida y cena).
- **Aumentar el número de pequeñas comidas diarias.** Es preferible hacer cuatro o cinco pequeñas comidas al día (desayuno, tentempié a media mañana, almuerzo, merienda y cena), en vez de tres comidas copiosas (desayuno, merienda, cena).
- **Tomar comidas dulces ricas en grasas.** Si los platos dulces van acompañados de grasas, la fructosa se tolera mejor, ya que estas contribuyen a retrasar el vaciamiento gástrico y, de esta forma, la fructosa puede llegar más lentamente al intestino delgado, con lo que es más probable que este pueda absorberla y, por tanto, que la intolerancia no dé lugar a síntomas molestos.
- **Añadir glucosa.** Como ya hemos visto, la glucosa facilita la absorción de la fructosa cuando van juntas en un mismo alimento por lo que es lógico que, para mejorar la tolerancia a los alimentos con una mala relación fructosa-glucosa añadamos una mayor cantidad de glucosa.
- **Evitar las frutas secas** (frutas desecadas como pasas u orejones) **y los zumos de fruta.** Ya lo hemos visto también, buena parte de las frutas más comunes contienen altas cantidades de fructosa, por lo que el modo más sencillo de

evitar los síntomas de esta intolerancia es restringir, o incluso eliminar totalmente, el consumo tanto de frutas como de zumos de fruta con alto contenido en fructosa.

- **Consumir con precaución verduras de difícil digestión.** Se sabe que el grupo de verduras llamadas crucíferas pueden provocar gases no solo en personas con intolerancia a la fructosa, sino en todo tipo de personas sanas, por lo que conviene evitarlas para que no acentúen los síntomas, ya molestos de por sí, de la intolerancia a la fructosa.

  Entre estas verduras crucíferas se encuentran la col, el repollo, el brócoli o la coliflor. Pero también se deben evitar otras verduras no crucíferas que provocan gases, como la cebolla o el puerro.

  En todo caso, si nos resistimos a eliminarlas de nuestra dieta, recomiendo consumir las que se venden congeladas, porque está demostrado que, tras prepararlas adecuadamente, se toleran mejor. Otro consejo para eliminar los gases es desechar el caldo de cocción, si se consumen cocidas.

- **Relajarse.** Está comprobado que el estrés es la causa de que muchas personas que, en principio no tienen ningún tipo de intolerancia, comiencen a sufrir problemas digestivos, de manera que no es descabellado concluir que todas las molestias digestivas que conlleva el estrés se acentúan, y mucho, en el caso de personas intolerantes. El nerviosismo, las prisas y los agobios pueden ser determinantes a la hora de incrementar o acentuar los síntomas y las molestias de una intolerancia, ya que el intestino se ve debilitado a causa del estrés, lo que aumenta la mala absorción de la fructosa. Así pues, intentemos por todos los medios no dejarnos vencer por el estrés. Estar relajados y calmados no solo es bueno para nuestro día a día y nuestra mente, sino también para nuestro cuerpo y sus achaques, por más que pensemos en muchos casos que una cosa no tiene por qué tener relación con la otra.

SUGERENCIAS DE MENÚ SEMANAL PARA NO TENER CARENCIAS NUTRICIONALES NI SÍNTOMAS RELACIONADOS CON LA INTOLERANCIA A LA FRUCTOSA

La propuesta pasa, como veremos siempre en este libro, por hacer una dieta equilibrada. De acuerdo con esta directriz irrenunciable, para la intolerancia a la fructosa, la dieta sería como sigue:

Desayuno
(Elegir una opción)

1. Leche semidesnatada enriquecida con calcio (200 ml) + tostada de pan (60 g) + pavo (30 g)
2. Té (200 ml) + tostada de pan (60 g) + jamón serrano (40 g)
3. Yogur natural (125 g) + tostada de pan (60 g) + aceite de oliva virgen (10 ml)
4. Leche semidesnatada enriquecida con calcio (200 ml) + 5 galletas sin fructosa

Media mañana o merienda
(Elegir una opción)

1. Pan blanco (30 g) + pavo (2 lonchas = 30 g)
2. Pan blanco (30 g) + atún (lata pequeña)
3. 2 yogures naturales (125 g × 2) + té
4. Pan blanco (30 g) + queso fresco (60 g)
5. Yogur natural + bizcocho (50 g) sin fructosa

Comida

Día 1
Arroz en ensalada: arroz (60 g en crudo) + champiñones (65 g) + jamón serrano (1 loncha).
Filete de pechuga de pollo: filete de pechuga de pollo (120 g). Pan (40 g).

Día 2
Lentejas: lentejas (60 g en crudo) + patata (50 g).
Solomillo de ternera a la plancha: solomillo de ternera (130 g) + aceite de oliva (8 g). Pan (40 g).

Día 3
Setas a la plancha: setas (65 g) + zumo de limón (15-20 ml).
Sardinas: sardinas (120 g) + aceite de oliva (8 g). Pan (40 g).

Día 4
Pasta carbonara: pasta (60 g en crudo) + huevo (60 g) + bacon (30 g) + aceite de oliva (8 g).
Bistec de ternera a la plancha: bistec de ternera (130 g). Pan (40 g).

Día 5
Potaje de garbanzos con bacalao: garbanzos (65 g en crudo) + bacalao (80 g) + espinacas (100 g) + aceite de oliva (8 g). Pan (40 g).

Día 6
Espinacas con bechamel: espinacas (100 g) + leche (200 ml) + harina (25 g) + mantequilla (30 g).
Bistec de ternera: bistec de ternera (130 g). Pan (40 g).

Día 7
Puré de patata y calabaza: calabaza (50 g) + patata (150 g) + caldo de verduras.
Bacalao fresco: bacalao fresco (150 g) + aceite de oliva (8 g). Pan (40 g).

Cena

Día 1
Revuelto de champiñones: 2 huevos (60 g) + champiñones (65 g). Pan (40 g).

Día 2
Ensalada completa: patata (8 g) + 3 espárragos + caballa (65 g) + aceite de oliva (8 g). Pan (40 g).

Día 3
Sepia a la plancha con verdura: sepia (150 g) + calabacín (50 g) + aceite de oliva (8 g). Pan (40 g).

Día 4
Sopa de fideos: pasta (30 g) + caldo (150 ml).
Merluza a la plancha: merluza (150 g). Pan (40 g).

Día 5
Sardinas rebozadas: sardinas (120 g) + huevo pequeño (45 g) + aceite de oliva (8 g). Pan (40 g).

Día 6
Lenguado: lenguado (150 g) + aceite de oliva (8 g).
Ensalada de endibias con caballa: endibias (100 g) + caballa (65 g). Pan (40 g).

Día 7
Lubina al horno: lubina (150 g) + patata (40 g) + aceite de oliva (8 g). Pan (40 g).

5

INTOLERANCIA A LA LACTOSA

¿QUÉ ES LA LACTOSA?

La lactosa es un azúcar disacárido que está constituido por la unión de dos azúcares simples o monosacáridos: glucosa y galactosa. La composición de la lactosa es la siguiente:

1 molécula de lactosa = 1 glucosa + 1 galactosa

La lactosa se encuentra de manera natural en la leche y en los productos lácteos, como quesos, yogures, etc., y se encuentra, también, en muchos alimentos preparados.

¿TODAS LAS LECHES TIENEN LACTOSA?

Sí, todas las leches de mamíferos tienen lactosa, incluida la humana, que es la que presenta mayor cantidad.

De todas las leches de mamíferos que los humanos consumimos, la de cabra es la que presenta menor cantidad de lactosa. Las leches de vaca y oveja, por su parte, tienen la misma cantidad de lactosa.

¿CÓMO SE DIGIERE LA LACTOSA EN CIRCUNSTANCIAS NORMALES?

Cuando una persona sana, sin problemas digestivos, ingiere lactosa, su aparato digestivo no puede absorberla tal y como está, sino que ha de separar los dos azúcares simples que la componen, galactosa y glucosa. Por tanto, el intestino absorbe sus dos azúcares por separado.

Para «romper» o separar la lactosa en sus dos componentes es necesaria una enzima llamada lactasa, que se encuentra exclusivamente en el intestino delgado, y más específicamente en las primeras porciones del yeyuno.

En todos los animales mamíferos, pero sobre todo en los humanos, el momento en el que la lactasa presenta un mayor índice de actividad es durante la lactancia, pues la leche es el único alimento de los bebés, y además la leche humana es, de todas, la que mayor porcentaje de lactosa presenta en su composición.

En cuanto el bebé comienza a tomar lo que llamamos alimentación combinada, y la leche deja de ser su único alimento, la actividad de la lactasa desciende considerablemente.

¿EN QUÉ CONSISTE LA INTOLERANCIA A LA LACTOSA?

La intolerancia a la lactosa se da cuando una persona presenta un déficit o la ausencia total de lactasa en su organismo. Al carecer de esta enzima, o presentarla en poca cantidad, el intestino delgado no puede dividir la lactosa en sus dos componentes, glucosa y galactosa, y por tanto la lactosa no se absorbe correctamente. Al no ser absorbida, la lactosa avanza por el aparato digestivo y llega al colon, donde sus ya conocidas bacterias la hacen fermentar y producir, como efecto de esta acción, diversos síntomas.

¿QUÉ DIFERENCIAS HAY ENTRE LA INTOLERANCIA A LA LACTOSA Y LA ALERGIA A LA LECHE?

La intolerancia a la lactosa es un proceso por el cual esta no es bien absorbida por el sistema digestivo, lo que causa molestias. La alergia a la leche, en cambio, consiste en un proceso alérgico, que provoca una reacción exagerada del sistema inmunitario por el que crea anticuerpos para defenderse de la proteína de la leche, a la que considera una sustancia nociva, aunque no lo es. Esa reacción, puede llegar a desencadenar un *shock* anafiláctico, que incluso podría llegar a causar la muerte de la persona alérgica.

Como ya sabemos, en el caso de la intolerancia a la lactosa el sistema inmunológico no actúa y sus síntomas, aunque molestos, revisten una gravedad mucho menor.

¿ES MUY FRECUENTE LA INTOLERANCIA A LA LACTOSA?

Los estudios más recientes aseguran que en torno a un 70 % de la población mundial adulta padece lo que se conoce como déficit primario de lactasa, con la excepción localizada en una zona concreta del globo: los pueblos del norte de Europa.

Hace siglos estos pueblos, debido a sus particulares circunstancias, se hicieron ganaderos para sobrevivir, ya que se hallaban muy alejados del mar, lo que no les permitía consumir sus productos. Por otro lado, su clima, excesivamente frío y con poca luz solar, no les permitió vivir de la agricultura, ya que sus cosechas no prosperaban. El consumo recurrente e incluso excesivo de productos lácteos provocó en ellos una mutación genética por la cual su organismo no era capaz de dejar de producir lactasa, de manera que durante toda su vida estos individuos, de una manera excepcional, digieren correctamente la lactosa sin excepciones, lo que les blinda frente a esta intolerancia.

¿CUÁNTOS TIPOS DE INTOLERANCIA A LA LACTOSA EXISTEN?

Se han determinado tres tipos de intolerancias a la lactosa:

1. **Deficiencia primaria de lactasa o hipolactasia adquirida.** La hipolactasia es una intolerancia a la lactosa que se produce por una causa genética, por lo que, como ya hemos dicho en otras ocasiones, es posible que la padezca más de una persona en una familia.

   En personas que padecen este tipo de intolerancia se da una disminución progresiva de la producción de lactasa, lo que repercute a su vez en la pérdida gradual de la capacidad de digerir la lactosa. A consecuencia de esto, perciben que, con el paso del tiempo, la ingesta de leche les provoca cada vez más síntomas. Para evitarlos, la única solución es eliminar los lácteos de la dieta, ya que la hipolactasia no tiene cura y la capacidad perdida de producir lactasa no se recupera.

2. **Deficiencia secundaria de lactasa.** La intolerancia se produce por causa de diversos motivos, como por ejemplo una enfermedad que provoca daños en la mucosa intestinal que, a su vez, impiden o entorpecen la digestión de la lactosa. En cuanto esta enfermedad se cura, o el problema que afecta a la mucosa desaparece, esta se regenera y las personas afectadas se recuperan de esta intolerancia, que desaparecerá.

Entre las causas que pueden provocar daños en la mucosa intestinal destacan las siguientes:

- gastroenteritis bacteriana, vírica o por parásitos,
- celiaquía,
- enfermedad de Crohn,
- síndrome de intestino irritable,
- toma de antibióticos,
- sobrecrecimiento bacteriano.

3. **Deficiencia congénita de lactasa o alactasia.** Es una enfermedad muy rara —de hecho, se estima que en todo el mundo sufren esta enfermedad alrededor de cuarenta personas— provocada por una mutación genética que afecta al gen que produce la lactasa, lo que a su vez impide que esta enzima tenga una mínima actividad.

Los primeros síntomas de la enfermedad se manifiestan nada más nacer, con la primera toma de leche, lo que lleva necesariamente a la supresión total de la lactosa en la dieta del bebé para evitar problemas graves en su desarrollo.

¿CUÁLES SON LOS SÍNTOMAS DE LA INTOLERANCIA A LA LACTOSA?

Lo habitual es que los síntomas aparezcan poco después de la ingestión de lactosa y, al igual que en la intolerancia a la fructosa, en casi el cien por cien de los casos pueden ser intestinales, a los que también pueden añadirse síntomas generales.

- **Síntomas intestinales de la intolerancia a la lactosa.** Se pueden producir dolor abdominal, distensión del abdomen, ruidos intestinales y flatulencias, náuseas o vómitos. Por último, pueden darse cambios en el ritmo intestinal que pueden provocar diarrea en un porcentaje mayoritario de los casos pero también, en menor medida, estreñimiento.

- **Síntomas generales de la intolerancia a la lactosa.** Se producen porque la intolerancia genera en el intestino varios tipos de metabolitos tóxicos como acetaldehído, etano o diversos péptidos que, al ser absorbidos por la mucosa intestinal, causan síntomas como cefalea, fatiga, dolor muscular y articular, problemas cutáneos, sequedad de las mucosas, úlceras bucales, reacciones alérgicas, nerviosismo, falta de concentración, bajo estado de ánimo y, en casos extremos, depresión.

Para una mayor información respecto a los síntomas de la intolerancia a la lactosa, considero necesario incluir a continuación una tabla con los dos grandes grupos de síntomas, tanto los digestivos como los extradigestivos o generales, y en la que se indica en qué medida afectan a las personas que padecen la intolerancia; es decir, en qué porcentaje, lo que nos puede dar una idea de cuáles son más y menos comunes.

Síntomas intestinales y sistémicos más frecuentes referidos por pacientes con intolerancia a la lactosa

	SÍNTOMAS DE INTOLERANCIA A LA LACTOSA	FRECUENCIA (% DEL TOTAL)
Síntomas intestinales	Dolor abdominal	~100
	Distensión intestinal	~100
	Borborigmos	~100
	Flatulencia	~100
	Diarrea	70
	Estreñimiento	30
	Náuseas	78
	Vómitos	78
Síntomas sistémicos	Dolor de cabeza	86
	Pérdida de concentración	82
	Agotamiento	63
	Dolor muscular	71
	Dolor o rigidez en las articulaciones	71
	Dolor o rigidez en las articulaciones	30
	Aumento de la frecuencia de micción	<20

Fuente: «Lactose Maldigestion, Malabsorption, and Intolerance», *Nutrients*; Filippo Fassio, Maria Sole Facioni y Fabio Guagnini; noviembre, 2018; 10(11): 1599. doi: 10.3390/nu10111599

¿SON LOS SÍNTOMAS DE LA INTOLERANCIA A LA LACTOSA IGUALES EN TODAS LAS PERSONAS?

Lo cierto es que no, los síntomas y su intensidad variarán en función de cada individuo, y también de otros muchos factores que, por lo general, los profesionales y especialistas dividimos en dos grupos: los que afectan a la fisiología de la persona que padece la intolerancia, así como su estado físico, y los que tienen que ver con el consumo de la lactosa.

- **Factores individuales:**

  ✓ nivel de actividad de la lactasa,
  ✓ velocidad del vaciado gástrico,
  ✓ motilidad intestinal,
  ✓ características de la microbiota,
  ✓ capacidad de absorción de agua del colon.

- **Consumo de lactosa:**

  ✓ cantidad de lactosa ingerida,
  ✓ tipo de lácteo ingerido,
  ✓ consumo del lácteo aislado o junto con otros alimentos.

¿CÓMO SE DIAGNOSTICA LA INTOLERANCIA A LA LACTOSA?

En la actualidad es posible diagnosticar la intolerancia a la lactosa a través de diversas pruebas diagnósticas entre las que destacan cuatro, por su fiabilidad y mayor aceptación en el entorno médico. Son las que explicaremos a continuación.

1. **Test espirado en el aliento.** Es el método al que más se recurre, aunque puede provocar la aparición de síntomas en el paciente intolerante, ya que para realizarlo es necesario aplicar de 25 a 50 gramos de lactosa disuelta en 200 o 400 mililitros de agua. Después

de esta ingesta, se le pide al paciente que sople en unas bolsas herméticas cada quince minutos. ¿Cuál es la finalidad de esta prueba? Se sabe que cuando una persona con intolerancia a la lactosa la ingiere, esta llega al intestino grueso, como ya hemos visto, y fermenta por la acción de las bacterias, con lo que emana diversos gases como, entre otros, hidrógeno. El hidrógeno pasa a la sangre y es liberado por el sistema respiratorio con la expiración, por lo que si al soplar en las bolsas herméticas, estas revelan un aumento de hidrógeno superior a veinte partes por millón, quedará demostrado que ese paciente ha realizado una digestión deficiente de la lactosa y es, en efecto, intolerante a ella.

2. **Test sanguíneo de sobrecarga de lactosa.** Es un método menos fiable que el anterior y consiste en una serie de análisis de sangre sucesivos destinados a conocer las cifras basales de azúcar en sangre: primero se analiza la sangre del paciente en ayunas; a continuación, se le suministran 50 gramos de lactosa disuelta en agua; una hora después se le realiza un análisis de sangre y, tras una hora más, esto es, a los 120 minutos de la toma de lactosa, se le realiza otra analítica. Como ya se ha dicho, estos análisis buscan comprobar si ha aumentado el nivel de azúcar en sangre. Se puede afirmar que existe maldigestión a la lactosa si después de su ingesta la glucemia no sube más de 14,4 miligramos por decilitro (mg/dl) respecto al valor basal. Es decir, si en la analítica anterior a la ingesta de lactosa resultan 90 mg/dl de glucosa y tras la ingestión de lactosa el valor alcanza los 100 mg/dl, se considera que hay intolerancia, pues la glucemia o la glucosa en sangre han subido menos de 14,4 mg/dl. Siguiendo este mismo ejemplo, si la glucemia después de la ingesta está en 120 mg/dl, no habrá intolerancia.

3. **Test genético.** Como ya hemos visto, la deficiencia primaria de lactasa está motivada por un factor genético. Se sabe que la actividad de la lactasa está relacionada con el gen MCM6, de manera que en una familia con antecedentes de deficiencia primaria de lactasa este test revelaría hasta qué punto sus miembros tienen más o menos predisposición genética a sufrir esta intolerancia.

4. **Test de Gaxilosa.** Es el método más novedoso y tiene la ventaja de que no provoca síntomas ni molestias. Consiste en suministrar por vía oral al paciente una dosis de gaxilosa, un disacárido muy similar a la lactosa y que, cuando la lactasa actúa sobre él, se divide produciendo galactosa, que es absorbida por el organismo, y xilosa, que no es absorbida y se elimina a través de la orina.

Un análisis de la orina del paciente realizado después de que ingiera gaxilosa nos revelará qué cantidad de xilosa pasa a la orina y, como esta es proporcional al nivel de lactasa en el intestino, determinará, según la cantidad de xilosa expulsada en la orina, si el paciente tiene, o no, intolerancia.

¿CUÁL ES EL TRATAMIENTO EN CASOS DE INTOLERANCIA A LA LACTOSA?

Es importante destacar que, por lo general, los especialistas no somos partidarios de que las personas con intolerancia a la lactosa renuncien por completo a los productos lácteos, a menos de que se trate de un tipo de intolerancia grave que lo requiera.

Los productos lácteos constituyen el principal aporte de calcio a nuestro organismo y son también una muy buena fuente de magnesio, elementos necesarios para el correcto crecimiento y desarrollo de los huesos de los niños y, en general, indispensables también para los adultos.

Por ello, el tratamiento de la intolerancia a la lactosa tiene como objetivo fundamental determinar la cantidad de lactosa que el paciente intolerante puede consumir sin que ello le provoque síntomas. De esta forma, podrá tomar lactosa a lo largo de toda su vida sin ningún tipo de malestar.

En este sentido, como ya hemos visto en la intolerancia a la fructosa, la sensibilidad de cada paciente intolerante a la lactosa puede variar muchísimo según su edad, su estado físico y sus condiciones particulares, aunque se han establecido, de manera general, unos valores indicativos que son los siguientes:

- Pacientes con intolerancia **severa** a la lactosa. No toleran más de 4 gramos de lactosa por día.
- Pacientes con intolerancia **moderada** a la lactosa. Toleran entre 5 y 8 gramos de lactosa por día.
- Pacientes con intolerancia **leve** a la lactosa. Pueden consumir hasta 12 gramos de lactosa por día.

Para llegar a determinar cuál es el tipo de intolerancia y cuánta cantidad de lactosa podrá tomar diariamente, igual que en el caso de la fructosa, el paciente debe seguir un proceso dividido en tres fases que se explican a continuación. Para llevarlo a cabo, se necesita tiempo y grandes dosis de paciencia.

1.ª fase. Se prolongará entre cuatro y seis semanas durante las cuales el paciente deberá renunciar a tomar cualquier tipo de lácteo que incorpore lactosa, así como productos procesados, precocinados o preparados que puedan contenerla.

2.ª fase. Comienza cuando han desaparecido por completo todos los síntomas de la intolerancia y no termina hasta determinar cuánta lactosa puede ingerir a diario el paciente sin verse sufrir síntomas.

Para ello, al principio de esta fase el paciente consumirá únicamente productos con bajo contenido en lactosa, como por ejemplo queso curado, e irá aumentando gradualmente la cantidad de lactosa, distribuyendo la ingesta de alimentos que la contengan a lo largo del día y evitando concentrar grandes cantidades de lactosa en una misma comida.

3.ª fase. En esta fase el paciente ya sabe cuánta cantidad de lactosa puede consumir a diario. Es entonces cuando ha de comenzar a tomar los comprimidos de lactasa prescritos para aquellas ocasiones en que coma fuera de casa y no pueda calcular la cantidad de lactosa que llevan los platos.

OTROS TRATAMIENTOS PARA LA INTOLERANCIA A LA LACTOSA

PRODUCTOS SIN LACTOSA

Además de controlar la dieta y la ingesta diaria de lactosa, el paciente intolerante no tiene por qué resentirse a la hora de tomar productos lácteos, pese a la restricción de lactosa que no deba sobrepasar a diario, ya que en la actualidad existen en el mercado cada vez más marcas de leche y sus derivados en los que se ha eliminado la lactosa.

SUPLEMENTOS DE LACTASA

Ya se ha aludido también a los suplementos de lactasa, que se venden en farmacias en forma de pastillas, cápsulas o gotas, y que permiten al intolerante consumir productos lácteos con lactosa. Como ya hemos explicado, estos suplementos están indicados sobre todo para cuando el intolerante ha de comer fuera de casa y, por tanto, no podrá tener la certeza absoluta de la cantidad de lactosa que consumirá. Gracias a estos suplementos, que aportan la cantidad de lactasa que su cuerpo no es capaz de producir y que debe tomar justo antes de comenzar a comer, porque su efecto es inmediato, tendrá la certeza de que, sean los que sean los ingredientes que consuma, estos no le provocarán los síntomas de su intolerancia.

En relación con estos suplementos, la única indicación que debe hacerse es sobre la dosis adecuada: como no se sabe con certeza cuánta lactosa se va a consumir, es importante acertar con la dosis y no quedarse corto. De lo contrario, si la lactasa que se ingiere a través de estos suplementos resulta insuficiente para procesar toda la lactosa que se tome, sí se pueden producir síntomas, aunque en general se considera que un comprimido de 4.500 unidades de lactasa bastará para digerir sin síntomas el equivalente a 250 mililitros de leche de vaca o de cabra, 150 gramos de leche condensada, 200 gramos de helado de leche, 150 gramos de crema de leche, 200 gramos de arroz con leche, 400 gramos de queso fresco o dos yogures.

Existen varias marcas en el mercado que ofrecen lactasa en diversos formatos. Las más conocidas son los siguientes:

- Ns Lactoben, de laboratorios Cinfa. Se presenta en comprimidos con 4.500 o con 9.000 unidades de lactasa o FCC (basadas en los códigos de alimentación de los EE. UU.).
- Nutira masticable (4.500 FCC) y Nutira forte en cápsulas (9.000 FCC).
- Lactasa de laboratorios Solgar. Se presenta en comprimidos masticables con 3.500 FCC.
- Lactasa de laboratorios Sandoz. Son comprimidos con 4.500 FCC y el probiótico *Bacillus subtilis*, para mejorar la microbiota intestinal.

PROBIÓTICOS

La Organización Mundial de la Salud define los probióticos como microorganismos vivos que, si son administrados en las dosis adecuadas, pueden resultar beneficiosos para la salud de quien los consume.

En lo que respecta a la intolerancia a la lactosa, en la actualidad, en algunos sectores especializados, se está valorando la posibilidad de administrar a las personas intolerantes probióticos que contendrían bacterias dotadas con la capacidad de «romper» la lactosa en sus dos azúcares monosacáridos; es decir, bacterias que actuarían igual que la lactasa.

Esto es importante porque en el mercado se ofertan gran cantidad de probióticos y no todos sirven para todos los casos. Insisto, en el caso de la intolerancia a la lactosa solo serán útiles los probióticos que contengan cepas de bacterias con actividad beta-galactosidasa. Estos son:

- *Bi dobacterium lactis* W 5 2
- *Lactobacillus acidophilus* W 2 2
- *Lactobacillus acidophilus* W 70

De este modo, sabremos qué probióticos elegir por más que etiquetas y prospectos puedan parecer ininteligibles".

Para las personas que deseen probar este tratamiento, a continuación ofrecemos una tabla que puede resultarles de utilidad. A la izquierda figuran los diversos tipos de probióticos y a la derecha aparecen, señalados con una marca de verificación, aquellos que son útiles para tratar la intolerancia a la lactosa. De este modo, sabremos qué probióticos elegir por más que etiquetas y prospectos puedan parecer ininteligibles.

¿CÓMO SE PUEDE ELIMINAR LA LACTOSA DE UN ALIMENTO?

En la actualidad, la industria alimentaria ha conseguido, tal como acabo de comentar, eliminar la lactosa de ciertos alimentos gracias a dos métodos:

1. **Hidrólisis de lactosa al añadir lactasa.** Es un método que busca «romper» la lactosa en sus dos azúcares simples (glucosa y galactosa) y que da como resultado una leche mucho más dulce que la original.
2. **Eliminación parcial de la lactosa.** Se realiza con métodos como la ultrafiltración o la cromatografía. El resultado de estos es el de una leche muy similar a la normal.

   Un aspecto muy importante que debemos tener en cuenta a la hora de consumir estos productos es la cantidad de calcio que presentan; en muchos casos su contenido es insuficiente, y también lo es en el caso de las bebidas vegetales (de soja, avena, arroz, almendras, etc.), que en su estado natural no cuentan con el calcio entre sus componentes. Por todo esto, se recomienda optar siempre por bebidas vegetales o leches sin lactosa enriquecidas con calcio.

CONSEJOS PRÁCTICOS PARA LAS PERSONAS INTOLERANTES A LA LACTOSA

- El organismo de cada persona intolerante es capaz de asimilar una cantidad diferente de lactosa. Para determinarla debemos recurrir en todos los casos al consejo del médico especialista, que nos enseñará cómo descubrirla a base de métodos contrastados y cómo gestionar las cantidades de lactosa que nuestro organismo puede asumir.

- Los productos alimenticios con menos de un 2 % de lactosa suelen ser tolerados por la mayoría de las personas intolerantes, siempre que no se consuman en exceso.

- Se recomienda ingerir la lactosa junto a otros alimentos y distribuir su ingesta en varias tomas a lo largo del día. De este modo, se contribuye a disminuir la aparición de los síntomas asociados a la intolerancia.

- La leche, los yogures, los quesitos, etc. llevan una cantidad diferente de lactosa dependiendo de cada marca. Es decir, que a la hora de tomar, por ejemplo, un yogur, no debemos dar por hecho que todos contienen la misma cantidad de lactosa aunque tengan el mismo tamaño, sabor y peso. Para evitar sustos al respecto, es siempre fundamental revisar con atención la información nutricional de las etiquetas de cada marca en concreto.

- Por lo general, cuanto mayor es el contenido de grasa en un producto lácteo menor es el contenido en lactosa, y es por ello que los productos lácteos desnatados habitualmente contienen más lactosa que los enteros. Así, un vaso de leche entera de vaca de 200 mililitros contiene 9,6 gramos de lactosa, mientras que uno de leche semidesnatada de vaca de 200 mililitros contiene 10 gramos de lactosa, y uno de leche desnatada de vaca de 200 mililitros contiene 10,4 gramos de lactosa.

- La leche de cabra, como ya he explicado al principio de este capítulo, tiene un porcentaje ligeramente inferior de lactosa frente a las leches de oveja y de vaca, por lo que los intolerantes la digieren algo mejor.

- Los yogures y quesos se toleran mucho mejor, ya que en su proceso de fermentación las bacterias «rompen» la lactosa para producir el ácido láctico. De este modo, la fermentación, por decirlo de otro modo, elimina un buen porcentaje de la lactosa de la leche.
- Por otra parte, el yogur, como tiene una textura viscosa, se digiere más lentamente que la leche, lo que contribuye a retrasar el vaciado gástrico y disminuye la motilidad intestinal. Por esa causa, la lactosa se libera más lentamente en el duodeno y, cuando alcanza el yeyuno, donde se concentra la lactasa, al permanecer más tiempo en él, permite que la lactasa optimice mejor su acción.
- En principio, los quesos curados deberían ser tolerados de forma óptima por los pacientes afectados por intolerancia a la lactosa, ya que, gracias a su alto contenido en grasas, apenas deberían tener lactosa. Sin embargo, hoy en día muchos fabricantes de quesos les añaden sólidos lácteos, lo que incrementa su tasa de lactosa, por lo que recomiendo leer con atención las etiquetas de estos productos antes de consumirlos y evitar los quesos que contengan almidones, azúcares, aceites o grasas añadidas. El verdadero queso únicamente debería llevar leche, cuajo, sal y, en algunos casos, suero y fermentos.
- La nata contiene una cantidad aproximada del 3 % de lactosa.
- La mantequilla contiene entre un 0,8 % y un 1 % de lactosa.
- La margarina ha de ser 100 % vegetal, de este modo nos aseguraremos de que no lleva lactosa, aunque conviene matizar que la mayoría de margarinas del mercado contienen lácteos añadidos (como sucede en el caso de los quesos curados). Por tanto, lo más segu-

ro es consumir solo aquellas que garantizan en su etiqueta que no contienen lactosa.

- La leche en polvo puede tener entre un 37 % y un 54 % de lactosa.
- La leche condensada contiene casi un 13 % de lactosa.
- La leche evaporada tiene en torno a un 10 % de lactosa.

A MODO DE RESUMEN

Los productos lácteos mejor tolerados (debido a su menor contenido en lactosa y mayor cantidad de grasas o azúcares) son la nata, la mantequilla, los quesos curados y los helados.

Las personas intolerantes a la lactosa deben adquirir el hábito de leer siempre las etiquetas nutricionales de todos los alimentos preparados que consuman, aunque no sean lácteos, ya que los fabricantes suelen añadir leche (y, por tanto, lactosa) a productos como salchichas, carnes procesadas, patés, sazonadores, pan, cereales, frutos secos, barras de proteínas, platos congelados, etc.

En las etiquetas nutricionales la lactosa puede aparecer con varios nombres que todo intolerante debe conocer. Los más comunes son los siguientes:

- lactosa,
- sólidos de leche,
- lactosuero,
- ingredientes modificados de la leche,
- aditivo E 966,
- lactitol.

A continuación, se indican los aditivos que se pueden consumir con libertad pese a que figuran como «lactato de...» o «ésteres lácticos»:

- E 101,
- lactoflavina,
- E 270 ácido láctico,
- E 325 - E 329 lactato de sodio,
- potasio,
- calcio,
- amonio,
- magnesio,
- E 585 lactato ferroso,
- E 472 ésteres lácticos.

6

INTOLERANCIA AL GLUTEN

¿QUÉ ES EL GLUTEN?

El gluten es una proteína que se encuentra en el trigo y en todas las especies de cereales pertenecientes al grupo de los *Triticum*, entre los que están, por ejemplo, el trigo duro, la espelta y el kamut.

Ahora bien, es importante no dar por sentada la asociación, por otra parte muy común, que identifica el trigo con el gluten, ya que esta proteína también está presente en muchos otros cereales como el centeno y la cebada, así como en la avena y en todas sus variedades híbridas.

Respecto a esta última, es muy común la creencia de que la avena no contiene gluten, pero no es cierto. Lo que ocurre, en cambio, es que algunas personas con intolerancia al gluten pueden incluir la avena en su dieta. Eso sí, se trata de una avena que ha de estar especialmente procesada y que, por tanto, jamás contendrá más de 20 miligramos por kilo de gluten.

Precisamente para evitar todas las confusiones que tan a menudo se originan respecto a qué cereales contienen gluten, las normas sobre el etiquetado de los alimentos, tanto en España como en Europa, obligan a indicar con mucha claridad y precisión, sobre todo en los alimentos envasados, cuándo y en qué proporción cuentan entre sus ingredientes con cereales que contengan gluten.

¿ES LO MISMO INTOLERANCIA AL GLUTEN QUE CELIAQUÍA?

Antes de comenzar a hablar propiamente de esta intolerancia en sí, es preciso destacar que existe otra confusión por la que intolerancia al gluten se asocia únicamente con la enfermedad llamada celiaquía, hasta el punto incluso de considerar que son expresiones sinónimas, cuando, en realidad, dentro de las intolerancias al gluten, se incluyen dos categorías:

* la celiaquía propiamente dicha,
* la intolerancia al gluten no celíaca.

¿QUÉ ES LA CELIAQUÍA?

Aunque se la conoce habitualmente como intolerancia al gluten o enfermedad celíaca, esta intolerancia se engloba, dentro de la clasificación de tipos de reacción a los alimentos que vimos en el capítulo 1, en el subgrupo que conocemos como reacciones a alimentos indeterminadas. Aunque entre las causas que dan lugar a esta enfermedad han de tenerse en cuenta un elevado componente inmunológico, lo cierto es que la reacción que provoca el gluten cuando entra en contacto con el organismo de la persona en la que se desencadena la reacción no depende de los anticuerpos IgE y, por lo tanto, no podría ser considerada como alergia, ante lo cual no queda más opción que catalogarla, de alguna manera, como una suerte de reacción indeterminada.

Por otra parte, también es interesante explicar que la celiaquía conlleva un componente genético. Esto es, existe una predisposición genética a padecer esta enfermedad, por lo que puede transmitirse hereditariamente y es muy común que varios miembros de una misma familia sean celíacos.

De acuerdo con esta predisposición genética, el organismo de estas personas responderá de una manera metabólicamente alterada al gluten, lo que se añadiría, por otra parte y de una manera secundaria, a la reacción inmunológica que se desencadena en el cuerpo de la persona intolerante con su presencia.

¿HASTA QUÉ PUNTO LA CELIAQUÍA ES UNA ENFERMEDAD COMÚN?

En realidad, cabría decir que la celiaquía es una enfermedad que ha experimentado un notable incremento en las tres últimas décadas, hasta el punto de llegar a ser una de las enfermedades de transmisión genética más frecuentes en los países caucásicos. En España se estima una prevalencia que afecta a 1 de cada 71 niños y a 1 de cada 357 adultos.

¿HAY DIFERENCIAS ENTRE LA CELIAQUÍA QUE SUFREN LOS NIÑOS Y LA QUE SUFREN LOS ADULTOS?

Como ocurre con muchas otras alergias e intolerancias que ya hemos visto a lo largo de este libro, las manifestaciones de esta enfermedad varían considerablemente según la fisiología, el estado de salud y otras condiciones de las personas a las que afectan.

Sin embargo, en el caso de la celiaquía cabe diferenciar también muy claramente los síntomas en relación con la edad, ya que cambian según si afecta a niños o a adultos.

Cuando la celiaquía se manifiesta en niños suele presentar síntomas digestivos, que son frecuentes sobre todo en los primeros años de vida. Es muy importante tenerlo en cuenta, porque dichos síntomas pueden provocar retrasos en su crecimiento.

Si la enfermedad se desarrolla en adultos, la sintomatología que desencadena no es tanto de tipo intestinal o digestivo, sino más bien de carácter general o extraintestinal.

Por otra parte, cuando la celiaquía se manifiesta en personas adultas, el grado de gravedad de la enfermedad y sus síntomas puede ser muy variado y dependerá, entre otros, de factores como la longitud de intestino afectado o la intensidad de sus lesiones.

¿CUÁLES SON LOS SÍNTOMAS DE LA CELIAQUÍA?

Al igual que en muchas otras intolerancias, la celiaquía en adultos, como ya hemos apuntado, presenta dos tipos de síntomas, gastrointestinales y extraintestinales, que explicaremos a continuación.

- **Síntomas gastrointestinales.** Los síntomas por los que la enfermedad celíaca se manifiesta en un adulto se conocen como síntomas gastrointestinales inespecíficos. El mayor problema que presentan —además de las molestias que conllevan— es que, al tratarse de síntomas que también se pueden tener casi con cualquier trastorno digestivo funcional, tardan en ser reconocidos como síntomas propios de una intolerancia y, por tanto, retrasan el diagnóstico de la celiaquía. Entre ellos se cuentan la acidez —que no se alivia tomando antiácidos, sino suprimiendo el gluten—, la dispepsia —la sensación de mala digestión—, la flatulencia y los cambios frecuentes en el ritmo intestinal.

- **Síntomas extraintestinales.** Aunque la mayoría de los síntomas que provoca la intolerancia al gluten son digestivos, también hay síntomas extraintestinales que, por orden de mayor a menor incidencia, serían diarrea, pérdida de peso, anemia, cansancio, distensión y dolor abdominal, aspecto extraño de las heces, náuseas, dolor articular y síntomas neurológicos.

En otras ocasiones, la enfermedad se presenta con aumento de las transaminasas, lesiones en la piel o en las mucosas de tipo dermatitis herpetiforme y llagas en la boca de repetición.

Por su parte, las mujeres también pueden presentar síntomas específicos, como ausencia de la menstruación —que puede ser, incluso, el primer síntoma—, infertilidad y abortos de repetición.

Como el listado de síntomas que se manifiestan en un caso de celiaquía es muy amplio, con frecuencia muchos de ellos pasan desapercibidos cuando lo hacen de forma aislada y solo les prestamos atención cuando se dan varios a la vez y creemos que pueden estar relacionados. De hecho, se estima que casi el 70 % de los pacientes celíacos acude al médico por más de un síntoma, y muchas veces puede trascurrir una media de doce meses entre la aparición de los síntomas y el diagnóstico de celiaquía.

¿CÓMO SE DIAGNOSTICA LA CELIAQUÍA?

La celiaquía es una enfermedad muy común y extendida y, aun así, se estima que tan solo el 15 % de los enfermos que la padecen están correctamente diagnosticados. Por un lado, la gran variedad de síntomas que presenta la enfermedad favorece que estos puedan confundirse con otro tipo de patologías. Por otro, hay personas que no tienen síntomas pero sí la enfermedad, lo que les ocasiona un daño intestinal que no se manifiesta de forma externa, con lo que se retrasa el diagnóstico y el tratamiento adecuado durante mucho tiempo.

Por todos estos motivos se dice comúnmente, recurriendo a un ejemplo bastante manido, que la enfermedad celíaca es como un iceberg, ya que la prevalencia puede ser mucho mayor de la que dan a entender los casos diagnosticados, debido al importante porcentaje de enfermos que permanecen ignorantes de su condición de intolerantes al gluten durante buena parte de su vida.

Así, es muy frecuente que la enfermedad se descubra entre la cuarta y la sexta década de vida, en personas con una edad media cercana a los cuarenta o cuarenta y cinco años. De hecho, hay informes recientes que sugieren que hasta un 25 % de los nuevos diagnosticados tienen más de sesenta y cinco años.

¿CÓMO SABER SI SOMOS CELÍACOS? ¿CÓMO AVERIGUARLO SI LOS SÍNTOMAS NOS LO PONEN TAN DIFÍCIL?

En este sentido es importante recordar que las pruebas de celiaquía son la única forma fiable de saber con exactitud si una persona es celíaca.

Se da la circunstancia de que muchas personas, tras la aparición de los síntomas, dejan de comer gluten sin hacerse las pruebas médicas, porque creen que eso bastará para solucionar sus problemas de salud. Se trata, sobra decirlo, de una postura totalmente incorrecta e irresponsable que, además, puede dar lugar a la aparición de falsos negativos, por lo que no solo no es conveniente, sino que incluso puede resultar directamente perjudicial, pues es lógico concluir que si una persona no tiene un diagnóstico correcto nunca sabrá que debe seguir un determinado tratamiento.

No lo olvidemos, ya que es muy importante:

El retraso o ausencia de diagnóstico —tanto de la celiaquía como de cualquier otra enfermedad— puede tener consecuencias importantes para la salud y la calidad de vida de los afectados.

¿CUÁLES SON LAS PRUEBAS DIAGNÓSTICAS QUE DETERMINAN LA CELIAQUÍA?

Como hemos visto en capítulos anteriores, existen diversas y muy variadas pruebas cuyo objetivo es determinar si se padece una intolerancia alimentaria y, también, en qué grado. En el caso de la intolerancia al gluten es especialmente importante acudir a médicos especialistas y no actuar por nuestra cuenta: si pensamos que nos sienta mal el gluten nunca debemos proceder a eliminarlo de nuestra dieta sin haber consultado antes a un profesional sanitario cualificado porque, como ya hemos explicado antes, y sobre todo si estamos hablando de niños, suprimir alimentos claves en su nutrición puede contribuir a entorpecer su desarrollo y crecimiento.

Pero, por encima de cualquier otra indicación, como norma general, no está de más recordar que nunca, bajo ningún concepto, debemos autodiagnosticarnos ni tomar decisiones basadas en experiencias de amigos o familiares, artículos de revistas, periódicos o páginas web que, a la larga, pueden terminar afectando a nuestra salud.

Si nos encontramos mal, si sospechamos que podemos estar padeciendo algún tipo de intolerancia, si sentimos malestar, si alguno de los síntomas que he detallado aquí encajan con los que tú, lector o lectora, puedes estar sufriendo, lo primero que has de hacer es acudir a un médico y contarle con detalle lo que te ocurre para que determine las pruebas que te tendrá que realizar y que esclarecerán, sin ningún género de duda, lo que te sucede. Estos estudios también servirán para fijar, con la certeza y la tranquilidad que te dará el haberte puesto en manos de profesionales, un tratamiento personalizado y adecuado según tu caso, la gravedad de tu intolerancia, tu edad o tu sexo. Ten en cuenta que tú tampoco debes pasar tu tratamiento a ningún familiar, amigo o allegado como si «todo sirviera para todos».

Todos estos recordatorios, que podrían parecer obvios, son especialmente relevantes en el caso de las intolerancias alimentarias porque, en muchos casos, los médicos facilitamos a nuestros pacientes, como parte de su tratamiento, dietas destinadas a ayudarles a suprimir o regular ciertos alimentos de sus comidas diarias con el fin de aliviar sus síntomas y, no en pocas ocasiones, estas dietas terminan pasando de mano en mano y son seguidas por todo tipo de personas, que buscan adelgazar, o «quitarse» del gluten, o del azúcar, sin reparar en que esos no son los objetivos que perseguimos los facultativos cuando las elaboramos.

Se trata de dietas personalizadas, adecuadas para una persona concreta y un problema de intolerancia preciso, con cantidades de alimentos y restricciones específicas ajustadas no solo a su problema de salud, sino también a su edad, peso, género e incluso estilo de vida. En muchas ocasiones, estas dietas van asociadas a la toma de complementos específicos, que pueden ser tratamientos farmacológicos, pastillas, etc., y en muchos otros casos, además de la dieta y las medicinas, los médicos incluimos otras recomendaciones, como la práctica del deporte, la realización de un seguimiento o análisis rutinarios.

Es imprescindible recordarlo una vez más: lo que sirve para una persona, lo que puede ayudarle a estar mejor, a curarse, a eliminar los síntomas de un problema digestivo, una alergia o una intolerancia no tiene por qué dar buenos resultados en el caso de otra. Ni las cantidades ni las raciones de una dieta han de ser iguales para todo el mundo y, por todo esto, si no tenemos un problema de intolerancia, no debemos someternos a una dieta restrictiva y, por supuesto, aunque tengamos algún tipo de intolerancia, la dieta o las recomendaciones que son útiles para una persona con la misma intolerancia, incluso dentro de la misma familia, no tienen por qué serlo para nosotros.

Porque, aunque las intolerancias, como en este caso la intolerancia al gluten, obedezcan a un problema médico específico —al mismo déficit o falta de producción de una enzima determinada, por ejemplo—, sus síntomas y manifestaciones son muy diferentes en cada caso y, por más rasgos que existan en común entre ellos, todas las personas somos diferentes.

ESTUDIO GENÉTICO

Como ya hemos visto, en prácticamente todos los tipos de celiaquía —así como en muchas otras intolerancias, ya explicadas anteriormente— existe un marcado componente genético, y esto me sirve para explicar por qué, siempre que se diagnostica un problema de intolerancia al gluten a una persona, se le recomienda a sus familiares más cercanos realizar un test genético para averiguar si alguno de ellos también puede padecer esta enfermedad.

Este test genético se debe realizar a todos los familiares directos de la persona que ha sido diagnosticada como celíaca (hijos, padres, hermanos, etc.). La finalidad de esta prueba será determinar, en cada una de estas personas, hasta qué punto presentan una predisposición genética a desarrollar la celiaquía.

Esto quiere decir que, como sabemos, la enfermedad celíaca es de carácter genético, lo que significa que se desarrolla únicamente en ciertas personas: aquellas con una configuración genética determinada.

Un estudio genético nos ayudará a determinar el porcentaje de probabilidad real de que una persona pueda llegar a desarrollar la enfermedad. Eso sí, mucho ojo: si en tu familia existe algún familiar directo celíaco, y por ello te han realizado un estudio genético y el resultado ha sido positivo... ¡eso no significa que seas celíaco!

Insistimos, el estudio genético no determina que una persona sea celíaca, sino las probabilidades que tiene de desarrollar a lo largo de su vida la celiaquía.

Se trata de una probabilidad y, de hecho, está demostrado y avalado por diversos estudios que, del total de personas que se ha determinado por estudios genéticos que pueden llegar a desarrollar la celiaquía, solo entre un 2 % y un 5 % de los portadores de esta base genética terminan desarrollando la enfermedad.

¿CÓMO INTERPRETAR, POR TANTO, LOS RESULTADOS DEL ESTUDIO GENÉTICO SOBRE LA CELIAQUÍA?

Para ello hemos de tener en cuenta, además de si el resultado es o no positivo, el porcentaje que dicho estudio determina. Obviamente, no es lo mismo que certifique que una persona tiene un 2 % de probabilidades de desarrollar la enfermedad con el tiempo que, por poner un caso extremo, diga que existen un 98 % de posibilidades de desarrollar la enfermedad.

Cuanto más alto sea el porcentaje, más posibilidades existirán de que esa persona sea celíaca o vaya a desarrollar la enfermedad a lo largo de su vida. Si es así —es decir, si esta posibilidad es muy elevada—, no debemos seguir ningún tratamiento en concreto, pero sí debemos estar alerta y acudir a un médico especializado en el aparato digestivo en cuanto comencemos a sentir síntomas que creamos que pueden tener relación con la celiaquía.

Si una vez realizada la prueba genética el resultado es negativo, podemos estar tranquilos. Según las estadísticas realizadas al respecto existe un 99 % de posibilidades de que podamos excluir el diagnóstico de celiaquía de nuestra vida.

ANÁLISIS DE SANGRE

Los análisis de sangre, en relación con el diagnóstico concreto de la celiaquía, se utilizan para rastrear la presencia en sangre de anticuerpos que haya podido generar nuestro organismo para hacer frente a distintas sustancias como, en este caso, el gluten. En este sentido, los anticuerpos que se podrían detectar en un análisis de sangre cuya finalidad fuera determinar la celiaquía serían los siguientes:

- **Anticuerpo antitransglutaminasa tisular de tipo IgA o IgG.** Se trata de los anticuerpos más buscados cuando se sospecha que una persona puede ser intolerante al gluten. Si se solicita que se busquen dos tipos de anticuerpos, los IgA y los IgG, esto se debe a que los anticuerpos IgG son los que se generan en pacientes que tengan déficit selectivo de IgA.

  Si los resultados de estos análisis son positivos, ya sea por la presencia en sangre de anticuerpos IgA o IgG, esto indica inequívocamente la existencia de afección autoinmune en el organismo.
- **Anticuerpos antiendomisio de tipo IgA o IgG.** Indican la existencia de algún tipo de daño en las paredes del intestino.

- **Anticuerpo antigliadina de tipo IgA o IgG.** De todos los tipos de anticuerpos descritos en este apartado, estos son los más específicos, ya que indican precisamente que ha tenido lugar una reacción a la proteína del gluten.

¿CÓMO DEBEMOS INTERPRETAR LOS RESULTADOS DEL ANÁLISIS SANGUÍNEO EN RELACIÓN CON LA CELIAQUÍA?

Si los resultados de los análisis son positivos en alguno de estos anticuerpos aquí detallados, se procede a realizar un diagnóstico positivo de la celiaquía, pero con matices. Es decir, se determina que, en efecto, los análisis de sangre dan positivo para los anticuerpos, por lo que se supone el diagnóstico de celiaquía, pero este solo puede ser confirmado con la realización de una biopsia, como explicaremos más adelante.

Así pues, a partir del resultado combinado de análisis y biopsia, el médico propondrá el tratamiento correcto, que consistirá en la supresión total del gluten de la dieta. Tras esto, un cierto tiempo después, se deberán realizar nuevos análisis para comprobar si los niveles de anticuerpos en sangre han disminuido, lo que nos resultará útil para constatar si, en efecto, el paciente ha seguido correctamente la dieta restrictiva de gluten o, por el contrario, está cometiendo errores en su alimentación (o se la está saltando, que todo puede ser), por lo que el gluten sigue estando presente en su organismo, algo que no debería ocurrir.

Por otra parte, estos anticuerpos son también unos marcadores muy importantes y útiles para los médicos que se ocupan de la celiaquía porque presentan una alta sensibilidad y especificidad. Si bien es cierto que en contadas ocasiones dan falsos negativos, para evitar que esto ocurra, el médico puede solicitar, en caso de seguir sospechando que el paciente es celíaco y por más que los análisis digan que no, una biopsia intestinal, la prueba diagnóstica que explicaremos a continuación.

BIOPSIA INTESTINAL

Es la prueba por excelencia para realizar el diagnóstico de celiaquía. Para nosotros, como médicos, se trata de la «prueba definitiva».

La biopsia intestinal ha de realizarse mientras el paciente esté siguiendo una dieta con gluten. Es decir, si el paciente hubiera eliminado el gluten por su cuenta de su alimentación diaria, este debería ser reintroducido y consumido con regularidad antes de proceder a realizar la biopsia.

La biopsia intestinal es, ciertamente, una prueba invasiva, pero se suele realizar con sedación para que el paciente no note molestias ni dolor. El proceso consiste en recoger pequeños fragmentos de tejido de la primera parte del intestino delgado, el duodeno, que serán analizados.

El diagnóstico positivo de celiaquía se producirá si, al estudiar el tejido intestinal, se observa un aumento de linfocitos dentro del epitelio del intestino o atrofia de las vellosidades intestinales, en mayor o menor medida. A continuación se establecerá el estadio de la lesión, según la llamada clasificación de Marsh.

¿QUIÉNES PUEDEN SOMETERSE A UNA BIOPSIA INTESTINAL?

En principio, las biopsias intestinales pueden realizarse a todo tipo de pacientes y solo deberá prescindirse de ellas como método de diagnóstico en el caso de niños y adolescentes que presenten síntomas claros para dar por sentado, sin necesidad de realizar la prueba, que son celíacos. Para ello, los análisis sanguíneos deberán indicar los siguientes resultados:

- Niveles de anticuerpos antitransglutaminasa de tipo 2 superiores a diez veces el valor de referencia en dos momentos distintos.

- Presencia de anticuerpos antiendomisio.
- Positivo para HLA DQ2 o DQ8.

En todos los demás casos, la biopsia intestinal es necesaria para evitar diagnósticos incorrectos. En pacientes adultos, la biopsia intestinal es obligatoria siempre.

PRUEBAS DIAGNÓSTICAS ADICIONALES

En el nuevo consenso publicado en 2018 por todas las sociedades médicas relacionadas con la celiaquía, se han propuesto dos pruebas diagnósticas que se realizan en aquellos casos en los que se sospecha, de manera fundada y evidente, que los pacientes pueden tener la enfermedad pero que, sin embargo, tras realizarles las pruebas anteriores, los resultados no son del todo claros.

Estas pruebas adicionales serían el linfograma intraepitelial por citometría de flujo y el estudio de depósitos de transglutaminasa tisular en la mucosa intestinal.

¿CUÁL ES EL TRATAMIENTO PARA LA CELIAQUÍA?

El tratamiento para la celiaquía pasa por seguir una dieta muy estricta en lo que respecta al consumo de gluten, que se prolongará durante toda la vida del paciente. Con la dieta, tu intestino sanará poco a poco y los síntomas desaparecerán.

La celiaquía, como buena parte de las intolerancias que ya hemos visto, no se cura, y precisamente por eso los cambios dietéticos que nos propondrá el médico una vez se haya diagnosticado nuestra intolerancia tienen que mantenerse de por vida.

¿EXISTE ALGÚN OTRO TRATAMIENTO PARA LA CELIAQUÍA APARTE DE LA DIETA?

A día de hoy, no. El único tratamiento eficaz consiste en llevar a cabo, como acabo de explicar, una dieta muy estricta con la cantidad de gluten que se puede consumir o bien, según el tipo de enfermedad celíaca que se sufra, lo que los médicos especialistas conocemos como DSG (dieta sin gluten).

¿EN QUÉ CONSISTE UNA DSG (DIETA SIN GLUTEN)?

Para realizar con éxito una DSG es fundamental excluir de nuestra alimentación el trigo, pero también todas las especies del género *Triticum*, es decir, el trigo duro, el trigo espelta y el trigo khorasan o kamut.

Por otra parte, también debemos excluir estos otros cereales: el triticale —cereal obtenido por cruce de trigo y centeno—, la cebada y el centeno, o sus variedades híbridas.

Y, por supuesto, no solo se trata de suprimir los alimentos más evidentes, como el pan, los cereales para el desayuno, etc., sino también todos sus productos derivados.

¿PUEDEN CONSUMIR AVENA LOS CELÍACOS?

Es una pregunta recurrente que se hacen muchas personas que acaban de descubrir que son intolerantes al gluten y que, pese a la abundante información existente, en muchos casos no termina de quedar resuelta.

Intentaré explicarlo con claridad: la mayoría de las personas celíacas pueden incluir la avena en su dieta sin que tenga efectos nocivos para su salud. No obstante, en la actualidad la comunidad científica está estudiando esta cuestión a fin de ahondar más en ella porque, si como se ha dicho, en la mayoría de los casos las personas celíacas pueden tomar avena, ¿por qué hay un pequeño porcentaje de celíacos a los que este cereal les sienta mal?

Hoy en día, como acabo de explicar, se sigue investigando, y un importante motivo de preocupación al respecto es el hecho de que la avena se pueda contaminar con el trigo, el centeno o la cebada durante el transporte, el almacenamiento y el tratamiento de los cereales. Se trata de una cuestión que no debe pasarse por alto y, por lo tanto, las personas celíacas deben tener en cuenta el riesgo de contaminación por gluten en los productos que contienen avena.

Entonces, ¿cuáles son finalmente los alimentos que no contienen gluten?

El paciente recién diagnosticado debe entender que la DSG (dieta sin gluten) se basa en alimentos frescos y lo menos procesados posible que, en su origen, no contienen gluten.

A continuación ofrecemos un breve listado que incluye todos los grupos de alimentos sin gluten.

ALIMENTOS QUE NO CONTIENEN GLUTEN

- Arroz, maíz, tapioca, mijo, sorgo, teff, trigo sarraceno y quinoa —en grano, sin moler—.
- Azúcar, miel y edulcorantes.
- Carnes y vísceras frescas y congeladas, cecina, jamón serrano y jamón cocido de calidad extra.
- Fruta fresca, en almíbar y desecada —a excepción de los higos secos, que pueden contener gluten—.
- Frutos secos crudos —los tostados pueden contener gluten— con y sin cáscara.
- Grasas: aceite y mantequilla tradicional.
- Hortalizas, verduras y tubérculos frescos, congelados y en conserva al natural.
- Huevos.

- Café en grano o molido, infusiones de plantas sin procesar, refrescos (naranja, limón, cola, etc.) y gaseosas.
- Leche y derivados: quesos, requesón, nata, yogures naturales y cuajada fresca.
- Legumbres secas y cocidas en conserva al natural. Se recomienda tener precaución con las lentejas, que se deben revisar para quitar, en el caso de encontrar alguno, los granos de trigo que pueden haberse colado entre ellas.
- Pescado y marisco fresco y congelado sin rebozar, en conserva, al natural o en aceite.
- Sal, vinagre de vino, especias en rama, en grano y en hebra, siempre envasadas —pero, no molidas—.
- Vinos y bebidas espumosas.
- Zumos naturales de fruta.

ALGUNOS MATICES RESPECTO A LA DIETA SIN GLUTEN

Con los productos manufacturados (salsas, caldos preparados, helados, embutidos, golosinas, postres, néctares de fruta, etc.), aunque en origen parten de ingredientes sin gluten, siempre existe el riesgo de que las personas celíacas sufran intolerancias. Esto es debido a que en su proceso de fabricación se puede producir una contaminación accidental con otros ingredientes que contienen gluten, ya que productos muy diferentes comparten, entre otras, las líneas de producción y de embalaje.

¿CÓMO PODEMOS TENER LA CERTEZA DE QUE UN PRODUCTO NO TIENE GLUTEN?

Existe un símbolo en la etiqueta o el envase de muchos alimentos que indica a los consumidores, incluso aunque no hablen el mismo idioma que figura en él, que un alimento no contiene gluten. Se trata de una espiga barrada, un elemento gráfico que en los últimos años se ha adoptado de alguna manera como símbolo internacional para indicar «sin gluten» y que por su carácter de símbolo puede ser entendido casi por cualquier persona, al igual que otros iconos a escala mundial, como la cruz roja.

Actualmente este símbolo está regulado por la Sociedad de Asociaciones de Celíacos de Europa (AOECS), que delega en las asociaciones que la componen la concesión de su uso y control. A partir de este organigrama, aquellas industrias interesadas en emplear este símbolo en sus productos deben solicitar certificarse bajo el Sistema de Licencia Europeo (ELS o espiga barrada).

La AOECS, a través de sus asociaciones miembro, concede el permiso para usar este símbolo tanto a empresas fabricantes de productos alimenticios específicos para personas celíacas como a aquellas empresas fabricantes de productos alimenticios ordinarios o convencionales que, sin ser específicos para personas celíacas, puedan ser consumidos por estas. El requisito imprescindible e irrenunciable para la concesión de este permiso es que siempre, sin excepciones, quede garantizada la ausencia de contaminación por gluten en el producto alimenticio; es decir, que ninguna persona celíaca que consuma ese producto corre el más mínimo riesgo de contaminarse.

Esta es la espiga barrada. Si este símbolo aparece en cualquier producto el usuario puede tener la certeza de que no contiene gluten.

¿TODOS LOS PRODUCTOS SIN GLUTEN SON FIABLES?

Esta es la gran pregunta, y no carece de fundamento porque en la actualidad, aunque las indicaciones respecto al gluten en el etiquetado de los productos alimenticios han mejorado considerablemente, a menudo los pacientes se sorprenden al descubrir que no son pocos los productos etiquetados como «sin gluten» que pueden contener hasta 20 miligramos de gluten por kilo de producto (20 ppm), según el Reglamento Europeo (UE) 828/2014 [219].

Si bien esta cantidad puede parecer nimia o inocua, la realidad es que no lo es en absoluto y, de hecho, un consumo excesivo de estos productos tiene como resultado, con cada vez mayor frecuencia, la obstaculización de la mejoría clínica.

Dado el carácter permanente de la dieta sin gluten, es fundamental que el paciente celíaco se acostumbre a revisar el listado de ingredientes y la composición nutricional de los productos que compra. Estos deben tener la indicación «sin gluten» en el etiquetado, tal y como hemos mencionado, porque esta es la forma por la que garantizan, según la legislación vigente, dos aspectos que resultan esenciales para la persona celíaca:

1. El contenido en gluten está dentro de los límites permitidos.
2. La ausencia de contaminación cruzada.

Por otra parte, la composición de los productos sin gluten no siempre es la más adecuada, ya que, al no utilizar gluten, se incorporan otros ingredientes para mejorar su aspecto y palatabilidad, generalmente grasas saturadas y azúcares.

Para evitar sustos y síntomas recomiendo elaborar estos productos en casa si no se quiere renunciar a ellos y si se quiere tener la certeza absoluta de que, de esta forma, se puede controlar sin miedo a engaños ni equivocaciones la calidad de los ingredientes.

Por otro lado, los productos especiales artesanales como el pan, las tartas, etc. se deben comprar en obradores certificados que se dediquen exclusivamente a la elaboración de productos sin gluten, ya que si son elaborados en panaderías o pastelerías donde se trabaja con cereales con gluten el riesgo de contaminación es muy alto.

¿ES SANA LA DIETA SIN GLUTEN?

Si la dieta es variada y equilibrada no suelen producirse carencias nutricionales, aunque no siempre es así. Además, al eliminar el gluten de la dieta, se dejan de consumir algunos productos que son ricos en fibra. Por este motivo, la DSG supone, con frecuencia, una alteración del ritmo intestinal con tendencia al estreñimiento, tanto en la población infantil como en la adulta. Un mayor consumo de legumbres, hortalizas, verduras y frutas puede subsanar este problema.

Finalmente hay que tener en cuenta que algunos medicamentos pueden contener gluten como excipiente. Por todo esto se decidió que los prospectos de las especialidades afectadas deben incluir una advertencia del contenido de gluten, ya que su declaración es obligatoria.

Si tras haberse producido el diagnóstico la persona celíaca tuviera algún déficit nutricional como consecuencia de la mala absorción —anemia por falta de hierro o por falta de vitamina B12, u osteopenia por falta de calcio (pérdida de masa ósea)—, corresponderá al médico que sigue su caso proporcionarle los suplementos adecuados para corregir el déficit.

¿QUÉ ES LA CELIAQUÍA REFRACTARIA?

Es la forma de celiaquía que se da en aquellos pacientes que tienen una o varias lesiones en la mucosa compatibles con la enfermedad celíaca. Como dato distintivo, cabe señalar que los síntomas de este tipo de celiaquía no desaparecen después de haber excluido el gluten de la dieta hasta, al menos, un periodo de doce meses.

¿QUÉ MOTIVA LA CELIAQUÍA REFRACTARIA?

En alguno de estos casos, como ya se ha dicho, es la ingesta continuada de gluten, frecuentemente inadvertida, la principal causa de refractariedad. El médico puede pedir pruebas que determinen la existencia de péptidos derivados del gluten en heces u orina con el fin de comprobar que se está haciendo bien la DSG, pero también es verdad que será preciso establecer un diagnóstico diferencial con otras enfermedades como la enfermedad de Whipple, la enfermedad de Chron o la alteración del intestino por un fármaco para la hipertensión arterial llamado Olmesartan.

¿QUÉ ES LA INTOLERANCIA AL GLUTEN NO CELÍACA?

La intolerancia al gluten no celíaca (IGNC) fue descrita por primera vez en 1976, pero durante los últimos diez años se han multiplicado las publicaciones sobre esta enfermedad, que, ciertamente, supone un reto para muchos especialistas e investigadores.

Finalmente, después de mucho tiempo de investigación en laboratorios de todo el mundo con el fin de desentrañar su origen y sus mecanismos, en 2015 se celebró un congreso de médicos y expertos en Salerno (Italia), donde se pudieron acordar y establecer los criterios diagnósticos para la IGNC.

Como ya hemos esbozado al principio de este apartado, la IGNC es un síndrome caracterizado por un conjunto de síntomas intestinales y extraintestinales que se producen cuando personas sanas que no padecen celiaquía ni alergia al trigo consumen gluten.

¿CUÁLES SON LOS SÍNTOMAS DE LA INTOLERANCIA AL GLUTEN NO CELÍACA?

Los síntomas se pueden clasificar en cuatro grandes grupos, según si afectan de alguna manera o no al sistema digestivo y según su mayor o menor incidencia. Tenemos, por tanto, síntomas intestinales y extraintestinales y, también, síntomas muy comunes y comunes, que se clasifican como consta a continuación.

- **Síntomas intestinales muy comunes:** distensión y dolor abdominal.
- **Síntomas extraintestinales muy comunes:** malestar general y cansancio.
- **Síntomas intestinales comunes:** diarrea, dolor en la boca del estómago, náuseas, eructos, reflujo gastroesofágico y acidez y hábito intestinal alternante o estreñimiento.
- **Síntomas comunes extraintestinales:** dolor de cabeza, ansiedad, dolor muscular o articular, sarpullido cutáneo, dermatitis y lentitud mental (*foggy mind*).

¿CÓMO SE DIAGNOSTICA LA INTOLERANCIA AL GLUTEN NO CELÍACA?

En el Congreso de Salerno de 2015 se definieron también los pasos para hacer el diagnóstico de IGNC en la práctica clínica.

Para llevar a cabo el diagnóstico, en primer lugar debe haberse descartado la celiaquía tras la realización de las pruebas comentadas en las páginas anteriores. Entonces, tras atender al paciente que acude a consulta con molestias, escucharlo y analizar su historial, el médico puede sospechar que este padece una IGNC porque, en efecto, sus síntomas se pueden relacionar con la ingesta de gluten.

En ese caso, el paso siguiente es proponer al paciente una dieta sin gluten durante un periodo de 6 semanas. Tanto al comienzo de este ciclo como al inicio de cada una de las semanas, el paciente deberá rellenar un cuestionario de síntomas donde irá detallando aquellas molestias que pueda experimentar en esta fase.

Finalizado este periodo, y solo después de que el médico haya revisado los test del paciente, así como su estado de salud, se considerará que hay respuesta positiva si entre 1 y 3 de los síntomas principales presentan una mejoría de más del 30 % o si al menos existe un síntoma que no empeore durante, por lo menos, la mitad del tiempo. Para confirmar el diagnóstico será necesario reintroducir el gluten en la dieta y comprobar si hay o no reaparición de los síntomas.

7

INTOLERANCIA A LA HISTAMINA

¿QUÉ ES LA HISTAMINA?

La histamina es una amina biógena, es decir, una sustancia biogénica, o un compuesto derivado de un aminoácido esencial llamado histidina. Todos los seres vivos producen aminas, que se almacenan en los mastocitos —que son células que forman parte del sistema inmunológico— y también en los basófilos — que a su vez son un tipo de glóbulo blanco—, y se localizan mayoritariamente en la piel y en los diversos tipos de mucosas de nuestro cuerpo.

Para poder ser metabolizadas, las aminas biógenas precisan de dos tipos diferentes de enzimas: la diaminooxidasa, más conocida entre los profesionales de la medicina como DAO, y la histamina-N-metiltransferasa, a la que, por sus siglas, llamamos habitualmente HMT.

¿CÓMO ACTÚA LA HISTAMINA?

La histamina endógena —es decir, la que produce nuestro organismo— realiza varias funciones fisiológicas, entre las que podemos enumerar, la regulación de la circulación a nivel local, la contracción y la relajación de la musculatura lisa y de los vasos sanguíneos y la secreción del ácido clorhídrico en el estómago. Incluso se ha logrado identificar su actuación como neurotransmisor del sistema nervioso central.

En el tema que nos ocupa, una de las principales funciones fisiológicas de la histamina es la de tomar parte o intervenir, dentro del sistema inmunológico, en las reacciones alérgicas.

¿CUÁNTOS TIPOS DE RECEPTORES DE HISTAMINA EXISTEN?

No existen diferentes tipos de histamina propiamente dichos, lo que existen son diferentes receptores donde esta se une. Luego veremos que la histamina puede proceder del exterior y llegarnos a través de los alimentos, o de forma endógena, pero es importante evitar la confusión que lleva a creer que hay varios tipos de histamina, porque no es así: se trata de la misma molécula que tiene diferentes receptores.

Aclarado esto, existen cuatro tipos de receptores histamínicos que se hallan repartidos por todos los órganos y sistemas. Son H1, H2, H3 y H4. A continuación, los explicaremos con más detalle.

- Los **H1** fueron los primeros receptores histamínicos que la ciencia pudo identificar, y son el blanco de los llamados antihistamínicos. Se localizan en las células musculares lisas de los vasos sanguíneos, los bronquios, el intestino, las vías urinarias, el tejido de conducción del corazón y las células cromafines de la médula suprarrenal.
- Los **H2** se encuentran sobre todo en las células de la mucosa gástrica, las células lisas de los vasos sanguíneos, las células del miocardio del corazón y las células hepáticas.

- Los **H3** están en los pulmones, el estómago, el intestino y el páncreas.
- Los **H4** han sido los últimos en identificarse. Se encuentran sobre todo en las células de origen hematopoyético como los mastocitos, los basófilos y las células T, lo que indica que tienen una función importante dentro del sistema inmune.

Como acabamos de ver, las H1, H2, H3 y H4 se distribuyen por diversas partes de nuestro cuerpo. En el sistema nervioso central se localizan receptores de los cuatro tipos de histaminas, concretamente de las neuronas histaminérgicas. Como se da la circunstancia de que la histamina no puede pasar con facilidad la barrera hematoencefálica, toda la que se encuentra en el sistema nervioso central proviene de estas neuronas histaminérgicas.

¿EXISTEN OTRAS FUENTES O TIPOS DE HISTAMINA?

En efecto, además de la histamina que produce nuestro propio cuerpo también podemos obtener histamina a partir de los alimentos. Sin embargo, esta histamina ajena a nuestro organismo, dicho con claridad, no nos resulta útil, porque la histamina que necesitamos ya la genera nuestro cuerpo.

Entonces, ¿qué hacemos con la histamina que entra en nuestro cuerpo a través de los alimentos que ingerimos?

Ha de ser metabolizada necesariamente en el intestino porque, de lo contrario la histamina externa pasaría a la sangre y, ya en el caudal sanguíneo, podría producir diversos síntomas y enfermedades de diversa gravedad.

¿SE PUEDE SER INTOLERANTE A LA HISTAMINA?

Sí. Esta intolerancia se origina cuando en el organismo se produce una acumulación de histamina que puede dar lugar, como se ha dicho más arriba, a diversos síntomas clínicos.

Por norma general, la acumulación de histamina en el organismo recibe el nombre, entre médicos y especialistas, de histaminosis. Ahora bien, únicamente cuando la histaminosis se produce por la ingestión de alimentos ricos en histamina, que nuestro organismo es incapaz de metabolizar, podríamos hablar propiamente de intolerancia alimentaria a la histamina.

¿CUÁNTOS TIPOS DE HISTAMINOSIS EXISTEN?

Como se ve en el esquema que figura en la página siguiente, podemos clasificar la histaminosis en tres grandes tipos, tomando como factor diferencial la procedencia de esa histamina que nuestro organismo no puede metabolizar. Estos tres tipos serían los siguientes:

- **Histaminosis endógena.** Sería la causada por la acumulación de histamina producida por nuestro propio organismo.
- **Histaminosis exógena.** Sería la que se produce por la incapacidad de nuestro cuerpo para metabolizar la histamina que recibimos del exterior a través de los alimentos que consumimos y que la contienen forma natural.
- **Histaminosis provocada por otros mecanismos liberadores de histamina.** Este tercer tipo de histaminosis comprende las provocadas por la absorción de histamina ajena a nuestro organismo a través de otros procesos liberadores de la misma que no tienen que ver con la ingesta de alimentos.

De estos tres tipos nos centraremos en el segundo que acabamos de mencionar, el correspondiente a la histaminosis exógena, ya que es la provocada por la ingesta de alimentos y la que se correspondería propiamente con una intolerancia alimentaria, que es al fin y al cabo el asunto que nos ocupa. Al final de este capítulo, sin embargo, también veremos brevemente algunos aspectos reseñables de la histaminosis endógena y de la histaminosis provocada por otros mecanismos liberadores de la histamina.

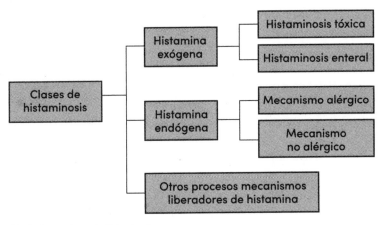

Pie de figura: clases de histaminosis

¿CUÁNTOS TIPOS HAY DE INTOLERANCIAS A LA HISTAMINA?

Ya sabemos que el equivalente a la intolerancia alimentaria a la histamina sería lo que se conoce, según la clasificación anterior, como histaminosis exógena.

Dentro de esta forma de histaminosis existen a su vez dos grandes tipos, uno de los cuales encaja con la definición de intolerancia, mientras que el otro se adecua más a la definición de intoxicación que, como el lector recordará, vimos en el primer capítulo de este libro.

- **Histaminosis tóxica.** También se la conoce como intoxicación por histamina. Está ocasionada por la ingesta de alimentos con elevados niveles de histamina por causa, generalmente, de su mala conservación, como es el caso sobre todo de pescados y carnes. Se trata de una intoxicación que se suele presentar al poco tiempo de comer el alimento en mal estado y es corta duración. Los síntomas más típicos incluyen sudoración, náuseas, vómitos, diarrea, sensación de ardor en la boca, intenso dolor de cabeza, dificultad para respirar y urticaria.
- **Histaminosis enteral o intolerancia a la histamina.** Hemos llegado a la histaminosis que podríamos considerar más propiamente como una intolerancia alimentaria. La intolerancia a la histamina se produce por una deficiente metabolización en nuestro organismo de la histamina que le llega mediante la ingesta de alimentos en buen estado — porque, cuando estos alimentos están en mal estado, como acabo de detallar, lo que se produce es una intoxicación o histaminosis tóxica—.

Por lo general, cuando una persona sana consume alimentos con histamina, su organismo debe metabolizarla en la mucosa intestinal, y esta es una tarea de la que se encarga una enzima llamada DAO. Sin embargo, existen personas que padecen un déficit de esta enzima, una circunstancia que puede estar motivada por factores genéticos, farmacológicos o patológicos.

El caso es que, como consecuencia de este déficit de la enzima DAO, se produce una desproporción entre la histamina ingerida y la capacidad de nuestro organismo para metabolizarla, lo que da lugar a la acumulación de histamina en sangre y, como consecuencia de esto, la aparición de efectos adversos que se manifiestan mediante los síntomas propios de una intolerancia.

¿CUÁNDO PODRÍAMOS DECIR QUE SE HA PRODUCIDO UNA INTOLERANCIA A LA HISTAMINA?

Las señales de un caso de intolerancia a la histamina se nos harán evidentes por dos motivos:

1. Cuando por causa de una alteración en nuestro metabolismo no se mantienen las concentraciones normales de histamina en sangre, que son de 50-70 mg/l.
2. Cuando al rebasar estos límites de concentración de histamina en sangre comienzan a desencadenarse los síntomas de la intolerancia.

¿CUÁNDO SE MANIFIESTAN LOS SÍNTOMAS DE UNA INTOLERANCIA A LA HISTAMINA?

Si bien en el caso de otras intolerancias que hemos visto con anterioridad, como las que tienen que ver con la fructosa o la lactosa, los síntomas aparecen al poco tiempo de ingerir un alimento que contenga estas sustancias, en el caso concreto de la histamina, es decir, cuando la persona que la ingiere tiene un déficit de DAO, el exceso de histamina no tiene por qué generar ningún síntoma al momento de tomar el alimento, por lo que será necesario, para que nos percatemos de si sufrimos una intolerancia a la histamina, que prestemos atención a los síntomas que nos pueden hacer sospechar de esta circunstancia.

¿CUÁLES SON LOS SÍNTOMAS DE UNA INTOLERANCIA A LA HISTAMINA?

El gran problema que surge con la intolerancia a la histamina tiene que ver con el hecho de que, debido a la existencia de receptores para la histamina en prácticamente todos los sistemas de nuestro cuerpo, se pueden producir una gran variedad de síntomas derivados del déficit de DAO y, además, casi todos estos síntomas pueden obedecer también a una gran variedad de patologías crónicas muy frecuentes en la población.

Aun así, intentaré resumir y destacar los síntomas más frecuentes que puede causar la intolerancia a la histamina.

- **En el sistema nervioso central:** migraña, cefalea, resaca o mareo.
- **En el sistema digestivo:** síndrome de intestino irritable, estreñimiento, diarrea, saciedad, flatulencia o sensación de hinchazón.
- **En la piel:** sequedad, urticaria, piel atópica o psoriasis.
- **En el sistema muscular:** fibromialgia y dolores musculares o fatiga crónica.
- **En el sistema respiratorio:** congestión nasal o asma.
- **En el sistema circulatorio:** presión arterial alta, o baja, o arritmias.

En los niños se ha relacionado el déficit de DAO con el trastorno de atención e hiperactividad.

Como es lógico, no se han de presentar todos los síntomas de este listado, pero sí podemos asegurar, a modo de indicación general, que en la mayoría de los pacientes con un nivel reducido de actividad de DAO suelen aparecer como media 3 de los síntomas que acabamos de enumerar, y que de todos ellos la migraña es uno de los más frecuentes.

Los estudios estiman también que en torno a un 15 % de la población puede tener déficit de DAO. De estas personas, un 20 % de los pacientes presentan 1 o 2 síntomas, un 41 %, 3 o 4 síntomas, y, finalmente, un 34 %, 5 o más síntomas.

En cuanto a la migraña, en los últimos estudios efectuados sobre población migrañosa, se estima que el 90 % de pacientes con migrañas la tienen debido, precisamente, a un fallo en la enzima DAO.

¿CÓMO SE DIAGNOSTICA EL DÉFICIT DE LA ENZIMA DAO?

Lo habitual es que, cuando una persona presenta varios síntomas que le parecen preocupantes, acuda al médico. Si este, tras hablar con ella y revisar su historial, sospecha que puede padecer intolerancia a la histamina, puede prescribirle un simple análisis de sangre para medir el nivel de la enzima DAO y determinar si es intolerante a la histamina.

Se consideran niveles normales de DAO aquellos superiores a 80 HDU/ml[1], por lo que si los niveles de esta enzima fueran inferiores ya estaríamos hablando de déficit de DAO.

---

1. HDU = *Histamine Digesting Units* (unidades de histamina digerida). Es la forma de cuantificar la actividad de la enzima.

¿CUÁLES PUEDEN SER LAS CAUSAS DE UN DÉFICIT DE DAO?

La causa principal de la deficiencia enzimática de DAO es de origen genético y es el motivo por el que algunas personas tienen o producen poca enzima. A su vez es la causa por la que hasta hace bien poco se pensaba que existían algunas patologías, como por ejemplo la migraña, que eran hereditarias, cuando en realidad lo hereditario es el déficit de DAO y la migraña no es más que un síntoma de este.

Existen otras causas que pueden provocar déficit de DAO que explicaremos en los siguientes dos apartados.

FÁRMACOS QUE PROVOCAN UN DÉFICIT DE DAO

Existen diversos fármacos que producen efecto porque bloquean o inhiben enzimas que están implicadas en la metabolización de la histamina, sobre todo la DAO. Del mismo modo, hay otro grupo de fármacos que pueden liberar histamina endógena. Se ha estimado que un 20 % de la población usa alguno de estos fármacos, que engloban en torno a noventa medicamentos diferentes, algunos de los cuales son de uso muy común.

Por este motivo, si te han diagnosticado déficit de DAO, debes tener todos estos medicamentos muy presentes, porque si los consumes pueden aumentar tus síntomas.

A continuación, te facilitamos una relación de aquellos fármacos que, o bien bloquean la enzima DAO, o bien aumentan la secreción de histamina endógena. Para que puedas manejarte con facilidad con este listado, indicaremos el nombre comercial de los fármacos que más se consumen entre paréntesis:

1. Analgésicos

- Metamizol (Nolotil, Metalgial, Algimabo, Neomelubrina, Buscapina compositum y Dolemicin).
- Ácido acetil salicílico (Aspirina, AAS, Calmantina, Innyesprin, Rhonal, Sedergine, Actron compuesto, Acyfox, Calmante vitaminado, Dolmen, Dolofarma, Dolviran, Mejoral y Okaldol).

2. Antiinflamatorios

- Diclofenaco (Artrotec, Di Retard, Dicloabac, Dolo Voltaren, Dolotren, Luase, Normuen y Voltaren).
- Naproxeno (Antalgin, Lundiran, Momen, Naprosyn y Vimovo).
- Ketoprofeno (Orudis, Arcental y Ketosolan).
- Indometacina (Aliviosin, Artrinovo, Flogoter, Inacid, Indo Framan, Indolgina, Indonilo, Mederreumol, Neo Decabutin, Reumo Roger y Reusin).
- Meperidina (Dolantina, Demerol y Dolosal).

3. Diuréticos

- Amiloride (Ameride y Diuzine).
- Furosemida (Seguril).

4. Antibióticos

- Ácido clavulánico (Augmentine, Co-Amoxiclav y Duonasa).
- Isoniazida (Cemidon, Rifater, Rifinah y Rimstar).

5. **Antidepresivos**

   • Amitriptilina (Tryptizol, Deprelio, Mutabase y Nobritol).

6. **Antihipertensivos**

   • Verapamilo (Manidon, Manidon HTA, Manidon retard y Tarka).

7. **Expectorantes y mucolíticos**

   • Ambroxol (Motosol, Dinobroxol, Mucibron, Mucosan y Naxpa).
   • Acetilcisteina (Fluimucil y Locomucil).

8. **Antieméticos (para no tener vómitos)**

   • Metoclopramida (Primperan, Aeroflat, Anti-ano-rex triple y Suxidina).

9. **Tranquilizantes para la ansiedad**

   • Diazepam (Valium, Aneurol, Ansium, Gobanal, Pacium, Stesolid, Tepazepam y Tropargal).

10. **Antitusivos (para la tos)**

   • Codeina (Coseisan, Codeisan jarabe, Toseina, Fludan Codeina, Histaverin, Notusin, Perduretas codeína, Algidol, Analgilasa, Analgiplus, Bisoltus, Calmoplex, Cod-Efferalgan, Dolmen, Doloca-til-Codeina y Termalgin codeína).

PATOLOGÍAS RELACIONADAS CON EL DÉFICIT DE DAO

El déficit de DAO es más frecuente entre aquellas personas que sufren enfermedades inflamatorias intestinales como colitis ulcerosa o enfermedad de Crohn, y también se ha demostrado su relación con el cáncer de colon.

Por otra parte, de igual manera se ha comprobado la existencia de déficit de DAO en los postoperatorios intestinales. Esto se debe a que esta enzima se encuentra mayoritariamente en nuestro intestino por lo que, si se reduce parte de este, al mismo tiempo se está reduciendo respectivamente parte de la zona de producción de la enzima.

¿CUÁL ES EL TRATAMIENTO PARA EL DÉFICIT DE DAO?

En el caso de intolerancia a la histamina, que como sabemos está provocada por el déficit de DAO, gracias a la dieta habrá una mejora en nuestra calidad de vida, ya que evitaremos aquellos alimentos que sean más ricos en histamina o en otras aminas biógenas. Ahora bien, pese a las bondades de una dieta restrictiva en histamina, siempre será necesaria una suplementación de la enzima DAO para eliminar la poca histamina que se puede ingerir, pues es literalmente imposible no ingerir ninguna.

Por otra parte, también se recomienda suplementar la dieta con omega 3 pues, como se verá en la tabla siguiente, está contraindicado para los intolerantes a la histamina consumir nueces y pescado azul por su alto contenido en histamina.

Existen diferentes marcas comerciales de DAO en el mercado:

- **NaturDao:** es la única del mercado apta para veganos, porque proviene de legumbres. Tiene una actividad de hasta 3.000.000 HDU. Estas cápsulas también aportan catalasa, que resulta muy importante según estudios científicos recientes que apuntan a que, al degradarse la histamina por medio de la DAO en el intestino, se desprenden compuestos tóxicos como el peróxido de hidrógeno, amoniaco e imidazol acetaldehído. Sin embargo, gracias a la catalasa, esto no sucede. Se debe tomar una cápsula de este medicamento quince minutos antes de cada comida.

- **Daosin:** contiene DAO de origen animal, que en concreto proviene del cerdo. Su posología es de una o dos cápsulas antes de cada comida.
- **Migrasin:** entre sus ingredientes, además de DAO, se cuentan la cafeína, las vitaminas B6 y B12, y el ácido fólico. Según la prescripción de esta medicina, se ha de tomar una cápsula veinte o treinta minutos antes de cada comida.

¿QUÉ ALIMENTOS CONTIENEN HISTAMINA?

Se puede decir que todos aquellos alimentos que tengan proteínas pueden tener histamina, ya que el precursor de la histamina es un aminoácido, la histidina, y los aminoácidos forman parte de las proteínas.

Con respecto a la histamina contenida en los alimentos, las concentraciones de histamina y de otras aminas biógenas en estos pueden ser muy variables dentro de una misma familia, e incluso entre una muestra y otra del mismo producto. Esto supone un gran problema para las personas intolerantes, pues en ningún alimento coinciden los valores, ni siquiera entre distintas fuentes consultadas, ya que la cantidad de histamina varía en cada caso según el grado de fermentación.

Debido a estas circunstancias, a la hora de hacer afirmaciones respecto a la histamina y a los alimentos hay que recurrir a generalidades y hechos constatados científicamente, y con base en esto se puede decir que se consideran susceptibles de presentar valores altos de histamina aquellos alimentos que se deterioran con facilidad, como carnes y pescados o alimentos y bebidas elaboradas por fermentación o maduración.

Por este motivo, son muchos los alimentos que provocan una acumulación de histamina en el organismo, y no todos necesariamente han de ser ricos en esta amina.

Con todo, cabe realizar una matización: hasta ahora se ha echado la culpa al alimento, pero no sería errado afirmar que el origen de este síndrome se encuentra en el propio individuo, ya que la alimentación es únicamente la vía de acceso al organismo del componente que ayuda a que la intolerancia se produzca. Es decir, la culpa no es del pescado. La culpa es de quien sabe que ese pescado en mal estado puede sentarle mal y no pone el cuidado suficiente en no comerlo o, como mínimo, en revisarlo con atención antes de hacerlo.

Ante la acumulación de histamina alimentaria, se ha propuesto como medida de protección la conveniencia de mencionar su presencia en el etiquetado de los alimentos, de la misma manera que se hace con aquellos compuestos implicados en las alergias alimentarias o la intolerancia al gluten.

Sin embargo, al margen de tener en cuenta los alimentos ricos en histamina, se deberían tener también muy presentes los otros factores que provocan la acumulación de la amina en el organismo. De esta manera, si se llegasen a etiquetar los alimentos ricos en histamina, convendría aclarar que no son los únicos que interfieren en el metabolismo de la histamina.

Dicho esto: ¿cuáles son esas otras aminas biógenas que compiten con la histamina por las mismas vías de metabolización? ¿Y cuáles son las sustancias liberadoras de histamina endógena o incluso componentes bloqueadores de la enzima diaminooxidasa (DAO)?

Como componentes bloqueadores de la enzima DAO, podemos señalar el acetil aldehído (ALDH) del alcohol.

Por otra parte, al margen de los alimentos ricos en histamina, el consumo elevado de alimentos ricos en otras aminas como la putrescina, la cadaverina, la beta-feniletilamina, la triptamina, la serotonina, la tiramina y la agmatina pueden también provocar una saturación de la DAO, que impide que esta degrade correctamente la histamina proveniente de los alimentos ricos en esta amina en pacientes con poca actividad DAO.

Las aminas que compiten más con la histamina por ser degradadas por la DAO son la putrescina y la cadaverina, pues su degradación es más rápida que la de la histamina y acaparan antes la enzima.

En cada tipo de alimento la presencia de aminas puede ser muy diversa, tal como sucede con la histamina, de modo que en función de la mayor o menor presencia de aminas biógenas, alimentos con la misma cantidad de histamina podrían dar o no síntomas.

Hay que tener también en cuenta aquellos alimentos que liberan histamina endógena, es decir, la que se localiza en los mastocitos. Se han descrito algunos alimentos con esta propiedad como el alcohol, las frutas cítricas, los fresones, la piña, el kiwi, la salsa de tomate, el marisco, el chocolate, el pescado, los champiñones, el cerdo, los cereales y la clara de huevo.

Se ha constatado, también, que algunos aditivos alimentarios pueden liberar histamina endógena, entre los que se cuentan el glutamato, el benzoato, algunos colorantes —amarillo E 102 y E 110, rojo E 124 y amaranto E 123—, los sulfitos y los nitritos.

Según el Departamento de Dermatología de la Universidad de Bonn (Alemania), la ingesta de alimentos o fármacos liberadores de histamina endógena provoca los mismos síntomas que la ingesta de alimentos ricos en histamina. Mención especial merece el alcohol, ya que es uno de los alimentos más nocivos para las personas con déficit de DAO. El alcohol contiene histamina, cadaverina y otras aminas, a la vez que libera histamina endógena y tiene la propiedad de bloquear la enzima DAO, con lo que interferirá en el metabolismo de su propia histamina y en el de la que se ha ingerido a través de otros alimentos.

Con respecto al alcohol, es conveniente destacar que la ingesta de etanol provoca la disminución de la actividad DAO, pero no solo en personas predispuestas a tener niveles bajos de la enzima, sino incluso en individuos sanos.

Es tan agresivo el ataque que sufre la enzima DAO por parte del etanol que, aunque se tengan niveles normales de DAO (actividad superior a 80 HDU/ml), este puede provocar una saturación de histamina en sangre, lo que se ve perfectamente reflejado en el mecanismo que se da en una resaca: la gran mayoría de las personas que sufren una, aun sin tener una baja actividad DAO, presentan un cuadro típico de malestar general que engloba un amplio conjunto de síntomas, y todos estos efectos del alcohol son causados por el incremento de histamina en sangre.

En resumen, podríamos decir que el alcohol está totalmente prohibido para las personas que sufren déficit de DAO. Además, se deben eliminar de la dieta los alimentos procesados y los enlatados, como el atún, los quesos curados, los embutidos y los lácteos en general. Del grupo de las verduras no se deberían comer espinacas, berenjenas, calabaza, calabacín y tomate. Entre las frutas hay que descartar los plátanos, las fresas, la papaya y los cítricos. También se debe reducir el consumo de chocolate y todo tipo de alimentos procesados.

Lista de alimentos que hay que reducir si tienes intolerancia a la histamina

- **Pescados:** ahumados, en conserva y marisco.
- **Azúcares:** azúcar blanco, azúcares refinados, productos *light*, helados y productos de pastelería.
- **Carnes procesadas, ahumadas o fermentadas,** como fiambres, salchichas, mortadela, salami, jamón ahumado y tocino curado.
  Es importante tener en cuenta que el cerdo contiene mucha histamina y que hay prestar especial atención al consumo de sobras de carne, porque las bacterias actúan deprisa sobre las proteínas y producen igualmente grandes cantidades de histamina.
- **Lácteos de vaca y derivados:** leche, queso, yogur, nata, flan, natillas y mantequilla.
- **Trigo y derivados:** pan, pasta, pizza, pasteles, harinas, cereales para el desayuno, rebozados.
- **Frutas:** naranja, pomelo, limón, lima, cerezas, fresas, albaricoques, frambuesas, moras, pasas, pasas de Corinto (frescas o secas), cacahuetes y nueces.
- **Verduras:** tomates, salsas de tomate y productos derivados del tomate, soja, frijoles, espinacas, acelgas, pimiento, berenjenas y patatas.
- **Alimentos que contienen vinagre:** aceitunas en vinagre, encurtidos, condimentos y otros alimentos.
- **Aditivos alimentarios:** tartrazina y otros colorantes alimentarios artificiales, conservantes, especialmente benzoatos y sulfitos.

- **Condimentos:** canela, clavo, vinagre, polvo de chile, anís, curry en polvo, nuez moscada, soja y sus productos fermentados (salsa de soja, miso...).
- **Otros:** alimentos fermentados (como el chucrut), té, chocolate, cacao, bebidas de cola y bebidas alcohólicas de todo tipo (cerveza, vino...).

Alimentos indicados para los intolerantes a la histamina

- **Frutas:** manzana, mango, uvas, melón, sandía, frutos del bosque, higos y coco.
- **Leches:** de arroz, de cebada, de yegua, de oveja o de cabra.
- **Quesos:** queso fresco de cabra o de oveja.
- **Cereales:** quinoa, trigo sarraceno y mijo.
- **Endulzantes:** miel y estevia.
- **Pescados:** pescado blanco como lenguado, rape, merluza, halibut, bacalao, perca, calamar, pulpo, sepia, trucha, dorada, mero, lubina, rodaballo y raya.
- **Verduras:** lechuga, endibias, escarola, canónigos, rúcula, coles de Bruselas, coliflor, repollo, coliflor, brócoli, brócoli blanco, alcachofas, zanahoria, batata, pepino, ajo, cebolla, puerro, calabacín, calabaza, espárragos, remolacha, judía, nabo, rábano y apio.
- **Carnes:** ternera, conejo, jabalí, pollo, pavo y cordero.
- **Otros:** infusiones de plantas que no lleven teína, huevos, —aunque hay que consumir con cuidado la clara, ya que contiene histamina—. Si tienes un problema con la histamina, come solo la yema.

Regresando a los tipos de histaminosis, el lector recordará que aún nos quedan por desarrollar con detalle dos de los tres tipos existentes: la histaminosis de origen endógeno y las histaminosis provocadas por otros mecanismos liberadores de la histamina.

HISTAMINOSIS ENDÓGENAS

Se dividen en los tipos que se explican a continuación:

- **Histaminosis endógena de tipo alérgico.** Se origina cuando se da una reacción de tipo alérgico de cualquier tipo, que tiene como efecto secundario la liberación de histamina y la producción de inmunoglobulinas tipo IgE.
- **Histaminosis endógena de mecanismo no alérgico,** también llamada síndrome de HANA. En este caso se produce una liberación de histamina secundaria originada por la exposición a un antígeno —algún alimento que el organismo reconoce como extraño— de un mastocito a un linfocito T. Como no hay síntesis de inmunoglobulinas E, esta reacción se considera de naturaleza no alérgica.

Se desencadena un mecanismo llamado de célula a célula, por causa del cual la aparición de síntomas es muy lenta. Por este motivo no se suele relacionar la ingesta de algún alimento con la aparición de la enfermedad.

La HANA, así pues, no presenta ninguna relación causa-efecto con la ingesta del alimento tan clara e inmediata como en la alergia. Además, no hay producción de IgE porque no se trata en realidad, como ya se ha mencionado, de una respuesta alérgica.

Los síntomas de la HANA pueden ser tan variados como los que hemos visto en los casos de déficit de DAO.

¿CÓMO SE DIAGNOSTICA UN SÍNDROME DE HANA?

El principal problema a la hora de diagnosticar un síndrome de HANA es que el paciente tiende a priorizar o prestar toda su atención a su síntoma mayor, ya sea dolor de cabeza, colon irritable o cualquiera de los síntomas característicos de este síndrome, por lo que acude al especialista correspondiente. De este modo, como solo se observa un síntoma de todo un conjunto, se pierda la perspectiva general de lo que le ocurre al paciente, lo que condiciona a los médicos a la hora de realizar un diagnóstico. Por poner un ejemplo, es como si nuestro dolor de cabeza se centrara en la zona de la frente, lo tomáramos como un dolor de ojos y acudiéramos al oculista a hacernos una revisión de la vista cuando, en realidad, lo que tenemos no es un solo síntoma, sino un conjunto de síntomas. Pero claro, no le vamos a mencionar al oculista que también tenemos un sarpullido... Y, sin embargo, si en vez de un oculista nos estuviera tratando un doctor especializado en sistema digestivo o nutrición, es muy posible que, con nuestro historial médico y los antecedentes de todo el conjunto de síntomas, no tardara en dar con el origen del problema. Esto es la histaminosis.

De esta circunstancia, por supuesto, no cabe culpar al enfermo, pero sí es cierto que se trata de algo desafortunado que en muchas ocasiones obliga a las personas afectadas por este tipo de histaminosis a ir de consulta en consulta buscando la causa de su mal sin hallar la solución. Así se retrasa sin querer el diagnóstico correcto y, por tanto, la posibilidad de someterse a un tratamiento que ponga remedio a su dolencia o al menos alivie sus síntomas.

De hecho, las estadísticas nos dicen que, de los pacientes diagnosticados de HANA, aproximadamente un 30 % o un 40 % proceden de consultas de medicina interna a la que acuden por dolencias de fibromialgia o fatiga crónica. Entre un 20 % y un 25 % llegan desde las consultas de traumatología por problemas de deshidratación de discos intervertebrales; entre un 10 % y un 12 % proceden de consultas de digestivo y, por último, un porcentaje algo menor llegan desde neurología, mientras que otros pequeños porcentajes son derivados desde consultas de alergología, dermatología, hepatología y psiquiatría, entre otras.

En todo caso, cuando se sospecha por la historia clínica del paciente que pueda existir la posibilidad de padecer un síndrome de HANA, la mejor prueba diagnóstica es el test de liberación de histamina modificado (TMH), que nos dirá a qué alimentos responde de manera anómala su organismo.

¿CUÁL ES EL TRATAMIENTO DEL SÍNDROME DE HANA?

El tratamiento es fundamentalmente dietético y tiene el objetivo de que la persona afectada se someta a una dieta exenta de alimentos prohibidos que habrán sido detectados tras realizar el TMH.

Esta dieta terapéutica, sobra decirlo, es personal para cada paciente, ya que la histaminosis se producirá en cada persona por la acción de alimentos distintos.

Respecto a qué alimentos son más dados a provocar este síndrome, se calcula que el 40 % de la población tiene problemas de histaminosis a algún alimento y que a la cabeza de los que con más frecuencia producen esta reacción están la leche y los derivados lácteos, que afectan a un 92 % de los pacientes con HANA. En segundo lugar de este particular *ranking* figuraría la histaminosis al trigo, con un 60 % de pacientes que reaccionan a él.

OTROS MECANISMOS LIBERADORES DE HISTAMINA

Existen situaciones y estímulos como el estrés, las infecciones, la vibración, los cambios de temperatura, las quemaduras, los cambios de presión atmosférica, etc. que pueden provocar la liberación no específica de histamina.

Todas estas situaciones han de ser tenidas en cuenta en aquellos pacientes con déficit de DAO o con HANA, pues en su caso el tratamiento no consistirá solo en evitar los alimentos ricos en histamina.

En este sentido, el siguiente esquema puede ser muy esclarecedor para entender las diferentes causas de histaminosis.

Degradación de histamina en el intestino

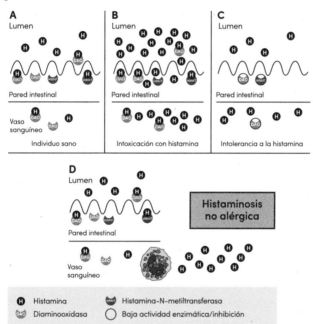

A. Individuo sano. Concentración normal de histamina en la comida. La mayoría de la histamina es inactivada por la enzima DAO o HNMT, solo una pequeña cantidad de histamina pasa a la sangre pero no causa síntomas. **B. Intoxicación por histamina.** Un individuo sano ingiere alimentos con altos niveles de histamina (más de 500 mg/kg). La actividad enzimática de DAO o HNMT es normal, pero es insuficiente para inactivar el exceso de histamina. La histamina pasa a la sangre y produce los síntomas. **C. Intolerancia a la histamina.** Los individuos que sufren intolerancia a la histamina presentan una actividad enzimática DAO y HNMT en el intestino disminuida o inhibida y es insuficiente para inactivar la histamina proveniente de alimentos con una concentración normal de histamina. La histamina pasa a la sangre y produce síntomas. **D. Histaminosis no alérgica.** Mecanismo antígeno-específico no alérgico. Proceso inmunológico en el que se produce una interacción celular directa entre linfocitos y mastocitos que conlleva la liberación de histamina por este último.

Fuentes: «Histamine, histamine intoxication and intolerance», *Allergol Immunopathol*; Kovacova-Hanuskova, T. Buday, S. Gavliakova y J. Plevkova; agosto, 2015; 43(5)
Planas Prieto, I. (2016). «Histaminosis alimentaria no alergica (HANA)». (Trabajo fin de grado inedito). Universidad de Sevilla, Sevilla.

TERCERA PARTE

OTRAS INTOLERANCIAS ALIMENTARIAS

CONSIDERACIONES GENERALES

En los capítulos precedentes me he extendido respecto a las intolerancias más conocidas y que más problemas suelen causar entre la población, según las últimas estadísticas. Ahora, en este capítulo, me detendré, de un modo más breve, en aquellas otras intolerancias que considero también muy comunes, aunque quizás en menor medida, y que, por tanto, creo que los lectores deben conocer.

Son principalmente tres grandes grupos en los que englobaríamos otras intolerancias menos frecuentes, pero no por ello menos molestas:

- Intolerancias alimentarias a otros azúcares como la sacarosa, la galactosa y la trehalosa.
- Intolerancia alimentaria por causa indeterminada.
- Intolerancia psicológica.

8

INTOLERANCIAS A OTROS AZÚCARES

INTOLERANCIA A LA SACAROSA

¿QUÉ ES LA SACAROSA?

La sacarosa, es decir, el llamado azúcar común o de mesa, es un disacárido, es decir, un azúcar formado por dos moléculas, una de glucosa y otra de fructosa.

¿EN QUÉ CONSISTE LA INTOLERANCIA A LA SACAROSA?

La intolerancia a la sacarosa es una enfermedad muy rara que se produce por la carencia en nuestro organismo de una enzima llamada sacarasa o sucrasa invertasa.

La sacarasa lleva a cabo la tarea de «romper» la sacarosa en sus dos azúcares (glucosa y fructosa), pero cuando esta enzima no se produce en suficiente cantidad o por diferentes causas padecemos un déficit de ella en nuestro organismo, entonces la sacarosa no se puede descomponer y no puede ser absorbida por nuestro intestino delgado, por lo que llega entera al intestino grueso, donde, debido a la acción de las bacterias intestinales, fermenta y produce síntomas digestivos muy molestos.

¿POR QUÉ SE PRODUCE UN DÉFICIT DE SACAROSA EN NUESTRO CUERPO?

Intolerancia a la sacarosa de origen congénito

El origen de la intolerancia a la sacarosa, frecuentemente, viene motivado por un déficit congénito de la enzima sacarasa. Al tratarse de una enfermedad genética y congénita, es decir, que ya se nace con ella, lo más usual es que los síntomas se presenten en la primera infancia, y más concretamente durante los primeros meses de vida.

Si se trata de un bebé alimentado con leche materna, los primeros síntomas aparecerán habitualmente después de cumplir seis meses, pues es el momento en el que deja de ser alimentado en exclusiva con leche materna y se comienza a incorporar en su dieta fruta, o zumos de fruta a los que añadimos azúcar, o leches de fórmula como refuerzo, que también pueden tener azúcar.

Por el contrario, si se trata de un bebé alimentado desde un primer momento con leche de fórmula, es posible que los síntomas de la intolerancia se hayan manifestado con anterioridad.

Otras causas de intolerancia a la sacarosa

La intolerancia a la sacarosa también se puede producir tras una enfermedad que afecte al intestino de manera importante, como la celiaquía u otras infecciones intestinales.

En estos casos, y aunque la afectación de la sacarasa es menos frecuente que la de lactasa, cuando se produce una intolerancia a la sacarosa por estos motivos, la recuperación puede llevar semanas o incluso meses, y no será completa hasta que se recuperen por completo las vellosidades intestinales, para lo que será imprescindible restringir por completo de la dieta durante una temporada la ingesta de azúcar común, así como todos aquellos alimentos que lo lleven. Para ello, se recomienda leer con suma atención todas las etiquetas nutricionales de los alimentos que vayamos a consumir e, incluso, de los fármacos.

¿EXISTE ALGUNA RELACIÓN ENTRE LA INTOLERANCIA A LA SACAROSA Y LA INTOLERANCIA A LA FRUCTOSA?

Como acabamos de ver, la sacarosa se compone a partes iguales de glucosa y fructosa, por lo que resultaría fácil deducir que las personas que son intolerantes a la fructosa debido al déficit del transportador intestinal específico llamado GLUT-5 (del que nos ocupamos en el capítulo dedicado a la intolerancia a la fructosa) tampoco podrían tomar sacarosa.

Sin embargo no es así, o al menos no se produce una intolerancia en la gran mayoría de los casos, porque cuando tomamos glucosa aumenta la presencia de su transportador, el GLUT-2, que es un transportador intestinal que también puede usar la fructosa.

Por poner un ejemplo sencillo, tendríamos que conseguir ver nuestro intestino como un río: una de sus orillas sería la luz intestinal, y la orilla opuesta sería la sangre. Pues bien, los pacientes con intolerancia a la fructosa tienen escasez de barcos, que serían el GLUT-5, para transportar la fructosa desde una orilla a otra, es decir, desde el intestino a la sangre. Esto dificultará claramente muchísimo la absorción de la fructosa, que no puede llegar como debería a la sangre por la falta de GLUT-5.

Ahora bien, si la persona toma azúcar común, cuando esta llega a la luz intestinal se separa en sus dos moléculas, glucosa y fructosa. La glucosa no tiene problema; su sola presencia hace que aparezcan en la orilla del intestino gran cantidad de barcos GLUT-2, que la transportarán hasta la sangre. Y se da la circunstancia de que estos barquitos GLUT-2 tienen espacio suficiente también para llevar a la fructosa hasta la sangre, con lo cual la fructosa se absorbería y no tendría lugar la intolerancia.

Eso sí, si la persona tomara únicamente fructosa, esta se encontraría compuesta y sin barquero en su orilla, la del intestino, pues al no haber glucosa no tendría a su disposición ni GLUT-5 para cruzar el río, ya que la persona intolerante a la fructosa carece de este transportador intestinal, ni tampoco GLUT-2, pues al no ir acompañada de glucosa, la fructosa por sí sola no puede convocarlo. Y es que, ya se ve, siempre hay que tener amigas dispuestas a echar una mano.

Por tanto, es importante recordar que es un error pensar que una persona intolerante a la fructosa va a digerir mejor los alimentos ricos en fructosa añadiéndoles azúcar, porque posiblemente esto sería así, pero por otra parte tomaría tal cantidad de azúcar que este le subiría mucho en sangre y haría trabajar en exceso a su páncreas para producir insulina, con el consiguiente resentimiento para su salud.

INTOLERANCIA A LA GALACTOSA

¿QUÉ ES LA GALACTOSA?

Es un azúcar simple —es decir, un monosacárido— que forma parte de la lactosa —de la que ya hemos hablado en el capítulo dedicado a la intolerancia a la lactosa—, así como también de la rafinosa y de la estaquinosa, que son azúcares que se encuentran en las legumbres.

La galactosa se absorbe en el intestino y se transforma en glucosa en el hígado, y la intolerancia a la galactosa se produce cuando no existe alguna de las enzimas necesarias para su metabolización, que pueden ser la galactosa uridiltransferasa u otra llamada galactoquinasa. Cuando cualquiera de estas enzimas no se encuentra en el organismo, la galactosa no puede transformarse en glucosa, se acumula en sangre y da lugar a una enfermedad llamada galactosemia.

Existen varios tipos de galactosemia, de entre los cuales el más grave es la galactosemia por déficit de uridintransferasa, que es una intolerancia de carácter hereditario y muy poco frecuente, ya que la padecen 1 de cada 40.000 o 60.000 personas nacidas. Esta intolerancia puede comenzar en el mismo momento en el que el bebé nace y comienza a mamar, pues, como ya expliqué al hablar de la intolerancia a la lactosa, este tipo de azúcar es un disacárido formado por una molécula de glucosa y una de galactosa.

Sea como sea, es muy importante detectar a tiempo cualquier tipo de galactosemia, pero sobre todo las que afectan a niños y a bebés, porque de otro modo pueden producir retraso en el crecimiento y, también, lesiones hepáticas y renales, cataratas e incluso retraso mental.

Por otra parte, el tratamiento de esta enfermedad es crucial, ya que la mortalidad de los niños con galactosemia y sin tratamiento alcanza el terrible porcentaje del 75 %.

INTOLERANCIA A LA TREHALOSA

¿QUÉ ES LA TREHALOSA?

La trehalosa es el azúcar principal de las setas y los champiñones. Es un disacárido, lo que quiere decir, como sabemos, que es un tipo de azúcar formado por dos moléculas, en este caso de glucosa.

¿CÓMO SE METABOLIZA LA TREHALOSA?

La trehalosa se metaboliza en el intestino delgado, para lo que se necesita una enzima llamada trehalasa que desdobla la trehalosa en dos moléculas de glucosa que se absorben en el intestino.

La intolerancia a la trehalosa se produce cuando no existe o se padece un gran déficit de trehalasa. En este caso, como por la ausencia de esta enzima la trehalosa no se puede romper en dos moléculas de glucosa, este azúcar no se puede absorber y llega al intestino grueso como tal, donde fermenta dando lugar a los síntomas digestivos que caracterizan esta intolerancia.

La frecuencia de la intolerancia a la trehalosa es escasamente conocida ya que apenas existen trabajos científicos que versen sobre ella. Ahora bien, esto no impide que actualmente su diagnóstico sea muy sencillo ya que, si el médico sospecha de que un paciente padece esta intolerancia, basta con que le dé una carga de este azúcar por vía oral y que después le realice un test de hidrógeno espirado para constatar si dicha intolerancia se da o no en el paciente.

El tratamiento que hay seguir, en caso de que, en efecto, se constate la existencia de esta intolerancia, consiste en una dieta baja en este azúcar, por lo que los especialistas recomendamos no tomar setas ni champiñones o hacerlo únicamente en una pequeña cantidad.

9

OTROS TIPOS DE INTOLERANCIAS

INTOLERANCIA ALIMENTARIA DE CAUSA INDETERMINADA

¿QUÉ SON LOS ADITIVOS ALIMENTARIOS?

Hoy en día, debido a los muchos cambios que se han producido en las décadas más recientes en el modo de alimentarnos y nutrirnos, sobre todo en los países desarrollados, ha ido tomando mayor fuerza paulatinamente el consumo de más alimentos procesados, que, para poder ser elaborados y, sobre todo, para que se puedan conservar en el tiempo, deben llevar incorporado en su proceso de elaboración una gran cantidad de aditivos.

Los aditivos pueden producir intolerancias a un gran número de personas. Se conoce de un modo general como aditivo cualquier sustancia que se añade intencionadamente a los alimentos o a las bebidas sin que tenga como fin modificar el valor nutricional de estos alimentos o bebidas.

¿CUÁNTOS TIPOS DE ADITIVOS EXISTEN?

De una manera muy general podemos dividirlos en dos tipos: los aditivos directos y los aditivos indirectos.

1. **Aditivos directos.** Son los que se añaden a la comida o a la bebida con un objetivo específico —es decir, para dar sabor dulce, por ejemplo—. Entre los aditivos directos podríamos incluir, entre muchos otros, los colorantes alimentarios, los conservantes, los antioxidantes, los correctores de la acidez, los agentes emulsificantes y los estabilizadores.
2. **Aditivos indirectos.** Son aquellos que se convierten en parte del alimento mismo porque se van añadiendo en cantidades insignificantes a lo largo de los procesos de manipulación, empaquetado o almacenamiento.

¿QUÉ EFECTOS PRODUCEN LOS ADITIVOS ALIMENTARIOS EN LAS PERSONAS INTOLERANTES?

Como acabamos de decir, existe un gran número de aditivos y tanto sus usos como sus efectos pueden ser muy diversos. Destaco, a continuación, aquellos causados por los aditivos directos más comunes:

- **Conservantes.** Destacan los cloruros, los nitratos y los nitritos presentes en los embutidos. Entre los efectos que pueden producir en las personas intolerantes resalta la cefalea, que se ponga la cara roja y la sensación de vértigo.
- **Sulfitos.** Se usan como antioxidantes y con la finalidad de que no crezcan gérmenes en los alimentos. También se usan por su capacidad para blanquear los alimentos.

  Suelen aparecer detallados en la etiqueta nutricional con los números E 220-228. Es muy frecuente que se añadan en frutas desecadas, bebidas como zumos y vinos, sucedáneos de carne, pescados o crustáceos; también en salchichas, patatas procesadas, gambas o camarones.

Según la normativa alimentaria vigente, los fabricantes tienen la obligación de declarar la presencia de sulfitos en los productos que comercializan si el alimento procesado contiene más de diez partes por millón de aditivo. Esto es muy importante porque los alimentos que los contienen deben ser evitados por los pacientes asmáticos, ya que pueden desencadenar o exacerbar alguna de sus crisis.

- **Benzoatos.** Los benzoatos se usan también como conservantes por su acción antimicrobiana, sobre todo frente a bacterias y hongos.

En la etiqueta nutricional de los alimentos que los incorporan también pueden venir referidos como E 210 o E 213.

Además de aparecer en algunos alimentos como aditivos —añadidos artificialmente—, los benzoatos también pueden estar presentes de manera natural en algunos alimentos como arándanos, ciruelas, canela y clavo. Sin embargo, cabe destacar que se trata de benzoatos diferentes a los benzoatos empleados en la industria como conservantes, que se obtienen por síntesis química.

Cuando los benzoatos han sido ingeridos por personas intolerantes a ellos producen síntomas como la urticaria de contacto —se trata del proceso más frecuente—, es decir, el proceso inflamatorio en la piel que aparece roja y con picor.

Por otra parte, es bastante frecuente que las personas alérgicas a la aspirina o que hayan experimentado reacción al colorante tartrazina sean a su vez más propensos a sufrir una reacción tras ingerir benzoatos. Esto se debe a que tartrazina y benzoatos tienen una estructura química muy similar, y por ello es muy recomendable que las personas alérgicas a la aspirina o a la tartrazina extremen su prudencia en cuanto al consumo de benzoatos.

- **Tartrazina.** La tartrazina, que acabamos de citar en el epígrafe anterior, es un colorante muy usado que, en las etiquetas alimentarias, puede aparecer también con el nombre de E 102.

  Para que nos hagamos una idea de hasta qué punto es común y usado este colorante de tono anaranjado, basta decir que, actualmente, es el aditivo más empleado a la hora de hacer paella (en vez del azafrán, que es natural pero mucho más caro).

  Junto a los benzoatos y a los sulfitos, la tartrazina es el aditivo que más reacciones alérgicas, por lo general, suele producir.

¿QUÉ ES EL GLUTAMATO MONOSÓDICO?

Es un poderoso potenciador del sabor y se puede encontrar en sopas, mariscos, aceitunas, salsas, patatas chips, maíz tostado, condimentos preparados y conservas vegetales. Uno de sus efectos en personas no intolerantes es un aumento del apetito y una disminución de la saciedad, por eso cuando comemos *snacks* o productos que los llevan no somos capaces de comer solo uno sino que aumentamos las cantidades consumidas, lo que puede conllevar un incremento de nuestro índice de masa corporal o IMC y, por tanto, aumentar la prevalencia de obesidad.

Si en el presente libro citamos a este aditivo es porque es muy frecuente que su ingesta dé lugar a reacciones de intolerancia.

En muchas etiquetas alimentarias el glutamato monosódico aparece representado como el aditivo E 621.

Como ya se ha dicho en el primer capítulo de este libro, el glutamato monosódico es usado con muchísima frecuencia en la cocina oriental, hasta tal punto de que los síntomas que su intolerancia provocan se suelen conocer popularmente como el síndrome del restaurante chino, una dolencia nada desdeñable, ya que las estadísticas que los médicos manejamos nos dicen que puede afectar hasta al 2 % de las personas adultas.

Cuando una persona intolerante ingiere más de 3 gramos de glutamato monosódico, o sobre todo si lo toma junto a algún tipo de líquido y no con otros alimentos sólidos, los síntomas pueden presentarse incluso a los cinco o diez minutos de su ingestión.

En buena parte de los casos estos síntomas consisten en erupción cutánea rojiza que puede afectar a toda la piel, cefalea, entumecimiento o adormecimiento de manos o pies, picor, mareo, aumento de la frecuencia cardíaca, sudoración o sensación de quemazón en el tórax.

10

INTOLERANCIA ALIMENTARIA PSICOLÓGICA

La intolerancia alimentaria psicológica se englobaría, en la clasificación general que vimos en el primer capítulo de este libro, como una reacción adversa a alimentos no tóxica. Lo cierto es que, más que como intolerancia alimentaria psicológica, lo propio y adecuado sería conocerla como aversión, y por sus particulares características suele ser más frecuente en los niños antes que en personas adultas.

¿CUÁNDO SE DA UNA INTOLERANCIA ALIMENTARIA PSICOLÓGICA?

Esta aversión consiste en un rechazo a ciertos alimentos provocado no por una intolerancia o sus síntomas físicos, sino por emociones asociadas a un alimento que dan lugar a reacciones desagradables en la persona que debería ingerirlo. Lo curioso, sin embargo, es que estas reacciones no se manifiestan si el alimento está oculto.

Es decir, si el niño que manifiesta su aversión a un determinado alimento no es consciente de que lo está comiendo, no presentará ningún síntoma. En cambio, si ese mismo niño ve que le dan ese alimento y le obligan o convencen para comérselo, al poco rato puede sentir diversos síntomas, tanto digestivos como extradigestivos, razón de más que demuestra que esta intolerancia no es, en el fondo, real, pues no halla su base en ningún razonamiento o evidencia médica.

La única forma de saber si realmente se trata de una intolerancia psicológica es ocultar el alimento en la comida y comprobar si se producen alteraciones orgánicas o no.

Generalmente, esta aversión suele desaparecer con el tiempo y la persona se da cuenta de que puede comer poca cantidad de dicho alimento sin que aparezcan síntomas. En el caso contrario, una persona puede haber desarrollado una verdadera aversión a un alimento por un trauma pasado que le incapacita en cierta medida a llevar una vida normal —tiene miedo de ingerir ese alimento sin darse cuenta y de sufrir los síntomas que en su momento generaron la fobia—. En esta situación sería conveniente pedir ayuda psicológica, pues esta circunstancia puede interferir en la vida normal de la persona.